Gespräche
mit
Kafka

與卡夫卡對話

古斯塔夫・亞努赫 著　　林宏濤 譯

Gustav Janouch

〈推薦序〉

文藝青年奇遇記

鍾英彥

十七歲的捷克高中生古斯塔夫·亞努赫（非猶太裔）喜愛寫詩，他父親把他寫的詩拿給在布拉格勞工保險局工作的同事卡夫卡鑑定。沒想到當時已著作等身、頗負文名的三十七歲卡夫卡看了之後，立刻約見亞努赫。一九二〇年春，亞努赫與卡夫卡在卡夫卡的辦公室第一次見面。卡夫卡很看重這位年輕詩人，在他身上看到自己年輕時的影子，從此展開一場亦師亦友亦父、爲期三年四個月的密集交往。

卡夫卡當時身心俱疲，兩度和菲莉絲·包爾（Felice Bauer）訂婚、解除婚約，同時染上肺結核，但是他對亞努赫幾乎來者不拒，在一百八十多次的談話中，以師父的親切口吻，在辦公室或散步中，談論卡夫卡自己的幾部作品和世界各國約六十位作家和作品。[1]

1 包括中國老子、莊子、列子、中庸。

亞努赫細心將卡夫卡的話記錄下來，但很可惜的，並沒有標誌下日期。亞努赫把他與卡夫卡之間的談話紀錄加以整理，一九四七年委託友人之妻約翰娜・瓦修維奇（Johanna Vachovec）打字，之後約翰娜將正稿直接寄給卡夫卡的摯友馬克斯・布羅德（Max Brod）。布羅德閱讀後，認爲可信度高，就把談話錄交給費雪出版社（S. Fischer Verlag），改名爲《與卡夫卡對話》（*Gespräche mit Kafka*），於一九五一年出版。

《與卡夫卡對話》出版後，研究卡夫卡的學者一片叫好，認爲其可媲美艾克曼（Johann Peter Eckermann）的《歌德對話錄》（*Gespräche mit Goethe*），並立刻有英、西、法、日等語言的譯本。學者們一再地引用《與卡夫卡對話》中卡夫卡的話，來闡釋和說明卡夫卡的生平和作品。但是亞努赫認爲布羅德不僅改了書名[2]，同時還任意刪除字句、段落。後來亞努赫找到了漏寄出去的打字原稿，才知道錯怪布羅德，並在一九六八年由費雪出版社出版了完整版的《與卡夫卡對話》。

亞努赫的《與卡夫卡對話》的眞僞問題，學界爭議不斷。卡夫卡作品的編輯布羅德和卡夫卡傳記的權威克勞斯・瓦根巴赫（Klaus Wagenbach）均深信亞努赫所記錄的資料。但是有些學者認爲亞努赫是搭上「卡夫卡熱」的騙子[3]，其《與卡夫卡對話》是無所憑藉的杜撰[4]。

亞努赫的《與卡夫卡對話》目前已有兩本完整的中譯本：一是張伯權根據英譯本《Conversations With Kafka》（trans. Goronwy Rees）所譯的《卡夫卡的故事》[5]；另一本是趙登榮根據一九八一年德國費雪出版社的德文版本翻譯的《談話錄》，並將它列入《卡夫卡全集》中的第五冊[6]。商周出版的譯本是根據德國費雪出版社一九六八年的擴大版本，譯筆流暢，注釋（包括譯者注）精確紮實。讀者閱讀此書時，除了看到文藝青年亞努赫對偶像卡夫卡的極端欽羨和崇拜，不妨以看「功夫」片的心情，仔細品嚼師父卡夫卡教導和傳授「寫作功夫」的功夫。

本文作者為淡江大學德文系教授

---

2 原來的書名是《卡夫卡跟我說》（*Kafka sagte mir*）。

3 參見 Alena Wagnerová: "Als Janouch mir entgegen kam" (2006), www.nzz.ch/aktuell/startseite/articleE5VPZ-1.73133。

4 參見 Manfred Engel/Bernd Auerochs(Hrsg.): Kafka-Handbuch, Leben-Werk-Wirkung, Stuttgart 2010，第 524 頁。

5 張伯權譯：《卡夫卡的故事》，時報書系 461，台北 1983。

6 趙登榮譯：《談話錄》，收在：葉廷芳主編：《卡夫卡全集》第五冊，第 275 頁至 493 頁，河北 1996。另外趙登榮亦於 2009 年創作《卡夫卡口述》，由上海三聯書店出版。

〈推薦序〉

來自卡夫卡內在靈魂的話語，是他反覆吟唱的讚美詩

耿一偉

《與卡夫卡對話》有可能是作者捏造的嗎？當然不可能，這本書得到兩位最關鍵人物的印證，肯定其眞實性。馬克斯．布羅德在一九五四年修訂版的《卡夫卡傳》中，增添了一章探討卡夫卡過世後世人對他的接受，其中提到當他讀到亞努赫的稿件時：「驚訝於我所遇到的這批豐富的新材料——它無疑承載了卡夫卡天賦異常的印記，卡夫卡的外表，他說話的樣子，他富有表現力且微妙的使用手勢的方式，他面部肌肉的種種動作，都以最生動的方式表現出來了。我的感覺是我的朋友突然復活了，而且剛剛又走進房間，我又聽到他在說話，看見他生氣勃勃而閃爍的眼光落在我身上，感覺到他痛苦的微笑，並爲他的智慧而深深感到激動。」

作爲卡夫卡的遺產執行人，一輩子的摯友，布羅德的認可至關緊要。但卡夫卡最後一位情人朵拉（Dora Diamant）的證詞更重要。朵拉陪伴卡夫卡直到他病逝的最後歲

月，兩人的親密關係，不是菲莉絲與米蓮娜的單純魚雁往返可相比擬的。朵拉懂得卡夫卡這個人，而不是只有作家卡夫卡而已。她熟悉他的氣息，甚至是最深層的不可告人的祕密。朵拉對《與卡夫卡對話》的看法，根據布羅德的轉述，是「她也從亞努赫保存的所有談話中，認出卡夫卡無法被模仿的風格與他特有的思考方式。她同樣震驚於那種與卡夫卡重逢的感受」。

這本書最初以《卡夫卡的故事》爲名，於一九八三年在時報出版，譯者是張伯權。這個譯本在九〇年代初，還有久大與萬象出版社的版本，之後便於書市上銷聲匿跡了。我閱讀《卡夫卡的故事》時才十七歲，恰好是作者亞努赫碰見卡夫卡的年齡。對於一個面對聯考壓力的高中生來說，卡夫卡的話語是綁了繩結的一條繩索，讓我可以藉著他的思想向上攀爬，然後閉上眼，看見內在的星星。

當初張伯權的版本是譯自英譯本。如今《與卡夫卡對話》則譯自德文文本，讓讀者可以貼近原文的理解脈絡，並增加了《卡夫卡的故事》所缺的原作者序、原注與譯注，增添本書的閱讀價值。當然，任何回憶都有主觀虛構的可能，卻不可能全是捏造。在我對《與卡夫卡對話》的解讀中，有四個明顯特徵，可以凸顯這一位年輕詩人眼中所見的卡夫卡。

首先，除了對卡夫卡辦公室與布拉格市區有較多描述，本書大多數的段落都是由單純的對話所構成。換言之，對亞努赫來說，當他回家後於日記上記錄他與卡夫卡的會面時，對他來說，最重要的細節，是卡夫卡的話語。其餘的，卡夫卡吃什麼、穿什麼等瑣事，都是不必要的。對文學來講，核心就是文字，話語。與此無干的，一概不是關注的對象。年輕的亞努赫渴求卡夫卡的智慧，來自卡夫卡內在靈魂的話語，是他反覆吟唱的讚美詩。

再來，是圍繞在話語產生的前一刻，卡夫卡的表情與手勢反應。讀者可以觀察到，在這些少量而精準的紀錄中，卡夫卡的表情經常是閉緊了嘴，蹙著眉，然後他會做出一些手勢，例如「將擱在桌子上的手掌向上翻起」、「舉起雙手，猶如折翼一般，然後無助地垂下」、「兩隻手遮住臉龐」、「兩手放在膝蓋間」、「把手抬到肩膀高」、「手舉高揮了兩下」等。很明顯，卡夫卡在面對亞努赫時，對於自己可能產生的影響力，相當有自覺。噘嘴或皺眉，往往是陷入思考的徵兆，至於那連布羅德與朵拉都認得出來的手勢，則洩漏了卡夫卡內在燃燒的熱情。手勢是話語的前哨，是思想發現適當字眼前的狼煙。

除此之外，亞努赫還記錄了只有與卡夫卡熟識的友人，才知道的卡夫卡式笑聲。與我們想像中憂鬱的卡夫卡形象相反，卡夫卡是個愛笑的人，至少在朋友的面前是如此，而且他經常大笑。但只有在《與卡夫卡對話》裡，卡夫卡笑的姿態，才被生動地描繪出來。此點實在是彌足珍貴，提醒了我們，卡夫卡沉重底下潛藏的笑聲。曾獲布克獎的愛爾蘭小說家班維爾（John Banville）也說：「我們知道卡夫卡有一種狡猾而尖酸的幽默感。」如果你願意靜下心細讀，卡夫卡的小說總是令人發笑的。

二十世紀法國最重要的卡夫卡譯者同時也是文學批評家瑪特・羅拜（Marthe Robert）曾說：「翻譯一位作者的作品時，爲了能進入他語句的核心，有必要知道他愛什麼。」我就是用這樣的角度來閱讀《與卡夫卡對話》。透過這本書，我知道卡夫卡愛什麼，我知道他對電影、對戰爭、對老莊、對閱讀、對藝術、對生活、對宗教、對詩、對木工、對繪畫、對法律、對寫作、對布拉格、對上班、對戲劇、對媒體、對語言、對歷史、對猶太人、對無政府主義、對愛情、對攝影、對科學、對動物、對文學……的看法。爲了讓卡夫卡進入你的心，你有必要知道他愛什麼。

最後一個特徵，是在每一段對話的結尾，經常會以一段令人玩味再三的卡夫卡式格言告終。這樣的描述手法，不免讓我聯想到禪宗公案，縱然這只是偶然的巧合，但卡夫卡迷宮般的話語，卻如一顆顆丟進我們內心深處的玻璃彈珠，總能激發思考的陣陣漣漪。而且，我們若對照作者序的文字風格，便會明瞭，這些充滿機鋒的智慧話語，不可能是亞努赫的創造，只能來自卡夫卡。沒有人可以發明這樣的句子，除了卡夫卡本人——「他發現世界的美，就像在咖啡館的菸灰缸裡找到菸蒂一樣。」

在布拉格留學期間，我經常一面拿著亞努赫的書，對照奧匈帝國時期的布拉格地圖，一面探訪卡夫卡走過的道路。如果高中讀《卡夫卡的故事》是二十多年前，在布拉格的三年也是十多年前的事了。如今再讀著《與卡夫卡對話》，卡夫卡的話語依舊讓我變得敏感並對世界充滿好奇，好像又成爲一個少年。

任何人只要閱讀這本書，參與了與卡夫卡的對話過程，他就會變成亞努赫，被卡夫卡召喚出內在的青春。這正是我們這個時代所需要的，卡夫卡說：「青春是幸福的，因爲它有能力看見美。當它失去這個能力，絕望的衰老、腐朽與不幸就會接踵而至。」

本文作者目前爲臺北藝術節藝術總監，臺北藝術大學戲劇系兼任助理教授，曾翻譯與註解卡夫卡的《給菲莉絲的情書》

關於這本書的故事

我的回憶錄和札記的初稿，原本叫作《卡夫卡跟我說》（*Kafka sagte mir*），現在的書名是《與卡夫卡對話》（*Gespräche mit Kafka*），受到出版社老闆的青睞，於一九五一年出版。讀者大眾、報紙和廣播的書評家以及專業的文學研究者，莫不感到興味盎然，歷經多年，他們的關注不僅沒有消褪，甚至傳誦不絕。我的戲作一時成了煞有介事的文學研究資料。於是，在德語原版的《與卡夫卡對話》問市不久以後，就有了法語、義大利語、瑞典語、英語、南斯拉夫語、西班牙、甚至日語譯本。

自此以後，郵差爲我捎來世界各個角落爲數可觀的信件和問題，我也盡可能回覆他們。那不是什麼難事，因爲那些讓我難以回答的問題，我大可以沉默以對。但是和從世界各個國家絡繹不絕地來到布拉格的卡夫卡迷席不暇暖的對話，就讓我相當爲難了。他們每個人都比我更熟悉卡夫卡的作品，尤其是他的小說，經常使我瞠然不知所對。對我而言，《審判》、《美國》、《城堡》只是書名，在他們眼裡卻不只如此；他們大多仔細研究過這些書。我自己不曾那麼做。不過我不能對來自法國、美國、德國、澳洲、瑞典、義大利、日本和奧地利的訪客那麼說。他們可能會對我感到大惑不解。我試著對來自布拉格的一個才華橫溢的年輕文學研究者據實以告，她臉上詫異而不知所措的表情讓我更加相信這點。克薇塔．赫什洛娃（Kveta Hyrslová）的博士論文致力於卡夫卡文學作品的爬羅剔抉，她驚訝地噘著嘴巴，一對黑眼珠瞪得又大又圓，不發一語，顯然是想說：「那太荒謬了。」對於卡夫卡的遺作，我真的只是略有耳聞，我所知道的也不外乎是一般人的街談巷語。

我沒辦法讀作家卡夫卡的小說和日記。不是因爲他對我太陌生，而是因爲他和我太像了。年輕人的迷惘，以及接踵而至的內在和外在的困境，因爲人生經驗而不斷幻滅的幸福憧憬，猝不及防地被剝奪所有權利，無論是內心或外在世界都日益感到孤寂，那段被煩惱和恐懼噬嚙的蒼白日子，使得我對於耐心承受苦難的法蘭茲．卡夫卡博士這個人醉心不已。對我而言，他始終不是一個文學人物。他對我的意義遠遠不僅於此。多年來，法蘭茲．卡夫卡博士一直是我切身的人性本質的庇護所。對我而言，他是個以其善良、體貼和毫不做作的眞誠，鼓勵且保護我在料峭寒風裡開展自我的人。他是我在認知和感覺上的根基，使我現在猶能苟全於這個魑魅魍魎的亂世。

除了這個自我永不熄滅的青春經驗，他的作品的生命和詮釋意圖還可以給我什麼？那幾乎只有深藏不露的感情和思想容器。我所認識的活生生的法蘭茲．卡夫卡博士，比他那些被他的朋友馬克斯・布羅德（Max Brod）搶救回來的作品要偉大得多。法蘭茲・卡夫卡博士，我有幸拜訪他，陪他在布拉格散步，他是如此抗懷偉岸而沉潛含蓄，直到現在，在每個人生道路的巨大轉折之際，我總會想起他那猶如堅固的鐵欄杆一般的身影。

那麼法蘭茲・卡夫卡的書對我的意義是什麼？

它們就堆放在我位於布拉格國家大道上的小房子裡，躺在笨重的暖氣爐上方鋪著石棉的木頭書架上。偶爾我會抽出其中一本，讀個一兩句話，或是一兩頁，然而我的眼壓總會隨即飆高，頸部的脈搏跳動得厲害，我必須趕緊將手裡的書放回書架上。他的作品的生命衝撞著我多年來小心呵護而歷歷在目的印象和回憶，因爲法蘭茲・卡夫卡博士以及他對我說的話，始終在我心裡縈迴不去，由於他的鼓勵，我才得以破繭而出，以批判性的眼光審視世界，乃至於我自己。

我沒辦法讀法蘭茲・卡夫卡的書，因爲我害怕讀了他死後出版的作品，會使得他在我心裡迴響著的人格魅力減弱、變得陌生，甚或完全幻滅。我很擔心「我的」卡夫卡博士的印象會不見，它一直在我心裡，始終是個堅如磐石的思想和生命典範，在我快要被恐懼和絕望淹沒的時候，給我源泉不絕的力量和支持。

我害怕讀了我的卡夫卡博士的遺著會產生一個不好的距離，因而可能失去了我年輕時感受到的巨大悸動一直活躍著的驅力。因爲我說過，對我而言，法蘭茲·卡夫卡不是個抽象的、非關個人的文學事件。我的卡夫卡博士是個感受深刻而實在的偶像，既屬於個人、影響所及卻不僅限於個體的個人宗教，他的精神力量讓我勇敢走過荒謬的、甚至瀕臨死亡的冰冷陰影的境遇。

在我眼裡，我所知道的《蛻變》、《審判》、《鄉村醫師》、《在流放地》以及《給米蓮娜的信》的作者，是個倡導對於有情眾生堅定不移的倫理責任的傳福音者，布拉格「勞工意外保險局」裡的一個塵務鞅掌的職員，在辦公室裡的日常業務當中，狂放不羈地散發出一個最偉大的猶太先知對於神和眞理的渴望的光與熱。

對我來說，法蘭茲·卡夫卡是最後一個、或許也是最偉大的人類信仰和意義的傳福音者，因爲他距離我們最近。

在我和他相遇的那些年裡，在那些如煙往事當中微笑著的法蘭茲·卡夫卡博士，喚醒了我的感覺和思考。他是最偉大的知識份子，也是我年輕時候最有影響力的人物，一個眞實的、爲眞理和生命的考驗奮鬥的人，我曾經見證他爲了人類存在的奮鬥如何歸於闃寂。他的神情，他的輕聲細語以及突如其來的大聲咳嗽，頎長瘦削的身影，靈巧的雙手優雅的舉措，又大又圓的眼睛顧盼間的陰影和光華，他習慣以眼神強調他所說的話，他那獨一無二、絕無僅有而永恆的人格特質，他的內在和外在的本質，如同回音一般在我心裡顫動，不斷重現的身影響徹我生命歲月的迴廊和低谷，多年來不僅沒有遺忘，甚至不斷放大而更加清楚浮現。

我的卡夫卡博士不是我們的時代裡遲早要褪色的文學人物，而是一個始終生機盎然、堪爲典範的人生，他是一道光，它的熱度和不斷增加的亮度一直陪伴著我，從我年輕的時候直到行將就木，猶如善和眞實人性的可靠羅盤一般。

我的卡夫卡博士是我年輕時最重要的根本體驗，酸澀甜美的青春，鼓起自我的所有存在力量的撼動，一個成長的激流，而我和作家法蘭茲·卡夫卡的相遇，尤其是小心翼翼地寫日記，讓我試著去掌握那撼動。最初，我時常會想起他的格言。而那些格言的背景總是三言兩語地帶過，對我而言似乎不很重要。我只看到「我的」卡夫卡博士。他是一場思想的煙火表演。所有其他東西都消失在陰影裡。那自然也影響到我寫日記的語言和形式，我的日記比較像是我用灰色的厚重手記記錄的札記，我將它視爲我永久的「思想倉庫」。

我在日記裡儲存了各式各樣混亂的摘句、詩、剪報、文學大綱和靈感、軼聞、短篇故事，以及種種突發奇想，除了從別人那裡聽來的東西，也包括卡夫卡關於各種事物和事件的格言。從「思想倉庫」裡挖出來的東西，可以編成一本嘆爲觀止的箴言集，不過它們的對應文本恐怕已經不可考了，因爲我經常忘了記下那些句子的來源和出處。現在看來，我的「思想倉庫」只是讀書和談話片段雜亂無章的大雜燴，只有在隨手記下來的時候才知道它們的確切出處吧。

我明白這點，是在法蘭茲·卡夫卡逝世兩年以後，我住在位於波希米亞和梅里台地的史塔拉里瑟鎮（Stará Říše），一個捷克天主教報社老闆和出版商喬瑟夫·佛羅里安（Josef Florian）的家裡，在許多個午後和夜晚，我和佛羅里安以及住在他家鄉的神父弗拉納（Vrána）談論卡夫卡以及現代文化的可能發展。

應佛羅里安的要求，我將我那完全沒有任何文學概念架構的日記和「思想倉庫」整理成可以閱讀的札記，由佛羅里安出版捷克語版本。但是他最後沒有付梓，因爲我的所思所聞和佛羅里安的天主教信仰有所齟齬。而我也爲此必須捲鋪蓋走路。有好一段時間，我悽悽惶惶地在不同的人群、城市、價值觀和行業之間顚沛流離。無數新的經驗將我年輕時的感受和思考體驗沖刷殆盡。卡夫卡博士的身影也褪色了。年輕時精神性的根本體驗已經離我而去，甚至包括我自己，尤其是專屬於那個眞實自我所可能擁有的種種發展性。在我的箱子裡，裝著字跡工整的回憶和筆記的信封，和我的「思想倉庫」那灰色厚重手記一起原封不動地壓在舊筆記本、創作手稿、圖畫和剪報下面，我和卡夫卡博士相遇的情景和話語也沉埋在虛幻的幸福和意義想像的混亂裡。直到在戰爭和暴力的壓迫下，我的意識才得以滌清塵垢。《蛻變》裡的昆蟲，《在流放地》裡的刑具，驀然近在咫尺，裝幀工人在我的卡夫卡短篇小說集封面印上的刺人荊棘，幾年前「我的」卡夫卡博士猶自視爲夜魔而拒斥之的那些世界觀和宣信，法蘭茲・卡夫卡的地獄，突然成了我日常生活經驗的一部分。

我的朋友，布拉格知名音樂家葛歐格・瓦修維奇（Georg Vachovec）和他太太雅娜（Jana），我跟他們談到這個讓我極爲震撼的世界局勢的蛻變，他們認爲我對於法蘭茲・卡夫卡的回憶不只是屬於我的。

「從甜美酸苦的人生體驗的葡萄榨取出來的經驗的葡萄酒，是屬於大家的，」雅娜說。「這也就是爲什麼它會裹著語言的果皮到處散播。」

葛歐格接著說：「你必須出版那些對話。你是卡夫卡的見證人，你或許擁有進入他的內在本質的重要鑰匙。」我說我沒有讀過他的所有作品，我遇到的不是一個作家，而是我父親辦公室裡的同事。然而，雅娜卻暴跳如雷，雙手高舉揮舞著叫道：「你是腦袋有洞嗎？對人類那麼重要的文學創作，那一定是整個人投入才行。誰都明白這點。在法學博士卡夫卡和文學家卡夫卡之間，不會有什麼水泥隔音牆。從你和他的對話裡，大家都聽得出來。你們的對話也是他的作品之一。你不可以把它藏起來不告訴世界。」

她的話讓我再也無言以對。

我從箱子的紙堆裡拿出我的札記，交給雅娜去打字，因爲一九四七年那時候的我，在布拉格惡名昭彰的潘克拉奇監獄（Pankrác）裡平白無故地遭受十四個月殘酷的審訊以後，身心嚴重受創，沒辦法獨力爲之。

約翰娜．瓦修維奇（Johanna Vachovec，雅娜全名）沒幾天就打好了一份原稿以及兩份複本，並且附上解釋和附注。她沒問過我，就在一九四七年五月二十一日將原稿從布拉格郵政總局寄給在以色列特拉維夫的馬克斯．布羅德博士。可是過了一個多禮拜，始終沒有回覆，雅娜耐不住性子，於是寄了一份複本給她的叔叔，住在斯德哥爾摩的印刷商愛彌爾．科薩克（Emil Kossak），結果同樣音訊杳然。於是我決定把我的書寄給紐約一家猶太人的小型出版社，位於西七十二街一百號，老闆是瑪莉．羅森伯格太太（Mary S. Rosenberg）。羅森伯格太太很快就回信，一九四七年九月十日，她來到布拉格，買了一大堆被政府扣押充公的德文舊書，準備進口到美國。我後來才知道，她對我的《卡夫卡跟我說》只是基於禮貌才表示興趣。但是對於一個剛剛獲釋又身心受創的羈押犯而言，那已經讓我很感激了，更何況先前寄出的信幾個禮拜以來毫無消息。我抱著渺茫的出版希望，沒有經過任何批准，就給了羅森伯格太太最後一部分的打字稿，心想眼不見爲淨也好。

關於我的那些回憶錄，也就是雅娜所謂的卡夫卡檔案，從此無人聞問。我試著把我的札記視爲失敗的、沒有任何意義的文學上的邯鄲學步。然而，一九四九年的聖誕節期，我收到一封信，寄件日期是一九四七年十二月十四日，和卡夫卡志同道合的朋友馬克斯·布羅德回信評論我的手稿。他指出注釋裡的一些小錯誤，跟著卻說我的札記是「很有啓發性的、很重要的好書」，他很樂於爲我安排出版。

他在信末說：「最後我要跟您再說一次，我非常高興看到您的札記，那是對於我難忘的好友相當感人而生動的重要見證，其中包括我沒有聽過的細節。請告訴我您的想法。」

在飽受恐懼和屈辱的漫長歲月以後，那是第一句充滿善意、讓我重拾自信的話，尤其是出自「我的」卡夫卡博士非常重視的朋友，以泰然自若卻又情辭懇切的方式表達，更是讓我感動莫名。

於是，我在一九五〇年一月五日，伏案回信給布羅德博士，我在信裡說：「您的來信對我而言，是個美妙的聖誕禮物。您當然可以修改且訂正附錄的部分（約翰娜·瓦修維奇以愛爾瑪·烏爾斯的筆名所做的注釋）。我感激都來不及呢。這本關於法蘭茲·卡夫卡的書，我不認爲它是文學作品，而是一個記錄：它只是對於我年輕時候的氛圍的一個證詞和總結——如果我可以這麼說的話……」

信末我懇請布羅德博士不吝提出任何必要的修改意見。我完全信任布羅德博士友善的來信，但是在這本書出版以後（我完全沒看過合約以及校訂稿），我卻遭到令人非常沮喪的打擊。一大段原稿被刪掉了，其中有些段落是我非常重視的部分，因爲它們透露了《蛻變》和《在流放地》那個充滿夢想的作者始終不爲人知的叛逆性格，他堅定不移的反官僚、他的悲嘆、對於辦公室裡的錙銖必較時而表現出來的沮喪、他對於布格拉歷史的探賾索隱、他對於雙關語的執著、對於假社會主義的高官們的冷嘲熱諷、對於任何政治幻象的照妖鏡、略帶陰森的幽默，以及不屈不撓的批判立場。

在一九五一年由費雪出版社（S. Fischer）發行的書裡，所有這些性格都付之闕如。我的書只是一座缺了肢體的雕像，一個殘廢的生物，可悲的殘渣，看著它，我的心都揪在一起。那是一本閉目塞聽的書，是一條因爲刪減內容而顯得霧茫茫的水平線，一張齒牙動搖、疲倦而歪斜的嘴巴，一堆被去勢的廢紙！馬克斯・布羅德爲什麼這麼做？

我的札記爲什麼成了這個讓卡夫卡蒙羞的斷簡殘編？

我隨手拈來的回憶拼貼礙著了我所陌生的文化政治概念嗎？

我的卡夫卡博士和卡夫卡遺作的出版商所要的那個作者不是同一個人嗎？

他爲什麼刪掉那個足以見證卡夫卡至今不爲人知的無政府主義傾向的段落呢？

布羅德眞的只是一個大資產階級的民族主義者，一如布拉格的左傾雜誌《青年猶大》（*Jung Juda*）發行人恩斯特．柯爾曼（Ernst Kollmann）在一九二〇年如是稱呼他？

我的札記爲什麼到處被刪改？是誰覺得它不合時宜？

我的疑問越是得不到解答，它們越是在我腦海裡盤旋不去。我只要寫信給馬克斯．布羅德就可以釋疑。可是我不能那麼做。布羅德爲了出版我的札記到處奔走，我理當感激涕零，而我也的確授權他刪改我的札記。現在我沒有立場抗議。我是應該閉上我的鳥嘴。但是我實在沒有那種本事。我只能強壓著我的不滿情緒。我被刪得體無完膚的書也是一樣。我保持緘默，我克制自己，但是我忍不住要發牢騷。而且越來越大聲。[1]

聽到我抱怨的人們，紛紛向我表達他們的關切。

有個義大利出版商尼略．密努佐（Nerio Minuzzo），他的書店在羅馬魯多維西十六號，在他離開布拉格前，一位年輕記者楊．帕里克（Jan Parik）介紹我和他認識，他對我說：「您是布拉格現在僅存親炙過卡夫卡的人。您必須將您對他的認識告訴大家。每個吉光片羽都可能是一把鑰匙。您不可以默默地將他的人格特質隱藏起來。」

那一席話使我非常震撼。卡夫卡的出現，猶如我們時代最深邃而沉痛的衝突裡的態

1 過了很久以後，我才發現我錯怪了馬克斯．布羅德。

熊火炬，他的精神面貌，他那指引人心的光，我可以將它隱藏起來嗎？我無言以對。我必須承認：當尼略．密努佐和他的朋友起身要去趕飛機時，我有一種如釋重負的感覺。

書的闕漏不是我的錯。對我而言，它是未完成的作品。我很想略作補遺，卻苦無機會。原來的打字稿和兩份複印都不見了。我手上沒有任何複本。因爲當時我莫名其妙地身陷囹圄，我太太將我的日記都燒掉了。而那些「思想倉庫」呢？我不知道它躲到哪裡去了。而且我爲什麼要老是惦記著過去？

——

我和傑出的卡夫卡傳記作者克勞斯．瓦根巴赫（Klaus Wagenbach）魚雁往返了好幾個月，兩人一起在布拉格花了好幾天的時間尋找《蛻變》和《在流放地》的作者的足跡，他對我說：「您必須將您在卡夫卡的時代所知道的一切寫下來。不久以後，這裡會人事皆非，再也沒有人記得那些日子了。」

瓦根巴赫提醒我，總有一天我也會歸於塵土。他是對的。那麼我該怎麼辦呢？我應該跟他抱怨布羅德博士以及《與卡夫卡對話》的殘缺版本嗎？

瓦根巴赫和布羅德是舊識，他以前也是費雪出版社的編輯。我隨便找個藉口，就向他告辭了。

只是我始終沒有釋懷。相反的，殘缺不全的書造成我心理的創傷。我是個失敗的證人，深深覺得於心有愧。於是我向許多人尋求建議和協助。但是在一個向下挖掘到存在最神祕的根源的困境裡，每個人都是孤單的。我們誰也幫不了誰。所有人的話都無濟於事，如果那些話語裡沒有眞實而不落俗套的愛的話。

奧地利文學協會祕書長窩夫岡．克勞斯博士（Wolfgang Klaus），在一個陽光燦爛的午後，在已經關門的寧靜墓園裡，和我一起坐在卡夫卡的墳墓旁，他對我說，我應該將我的回憶寫下來告訴世人：「除了那本洛陽紙貴的《與卡夫卡對話》，對於您所認識的那位布拉格作家的作品，您一定有自己的評論，沒有人規定說您不能出版那些評論吧。」

我沉默不語。我不能對這位親切的維也納文學家說，對我而言，法蘭茲．卡夫卡不是文學評論的材料，而是一個靜靜沉澱的個人宗教的軸心。在我心裡，法蘭茲．卡夫卡不是什麼輕鬆愉快的、純文學的事件，而是一個很嚴肅的、發人深省的信仰和生活的典範！

但是很少人知道這點，於是就連許多外國出版社也紛紛提出各種文學上的邀約。例如，慕尼黑的金德勒出版社（Kindler Verlag）要我翻箱倒櫃，提供更多的資料，並且要我協助他們出版卡夫卡的遺作。一九六一年五月二十五日，可想而知，我婉拒了這個提議，因爲我手裡沒有任何他們所要的資料，也不具備那種條件。我既沒有《卡夫卡跟我說》的完整打字稿，就連我多年來的「思想倉庫」也已經佚失。而且就算我找到那本灰色手記，我也記不得那些話的前因後果了。經過那麼多年，我很可能會誤以爲某些話是卡夫卡說的，而不是不知道哪裡讀到的句子。

我還能夠做什麼見證呢？我不能爲了給新聞報導一些茶餘飯後的閒聊話題而憑空捏造故事。我的每一句話都必須是盡可能精確的證詞。儘管如此，仍然會有些誤解。

「您是個作家，」義大利導演喬馬提歐（Fernando di Giammatteo）對我說。他替義大利電視台拍攝一部關於卡夫卡和布拉格的影片，我領著他穿梭在蜿蜒的陰暗衢巷，眼前驀地出現一座高塔以及查理橋，布拉格城堡的輪廓在蒼茫暮靄中巍然聳立。

「您是個作家，」他又說一次。「對您而言，卡夫卡不只是一個您在年輕時遇見的普通人。」「沒錯，」我說：「他是個預言家。法蘭茲．卡夫卡並不是住在布拉格。布拉格只是他的跳板。卡夫卡活在赦罪證明裡。」

爲此，我總覺得失去那些回憶是一種罪或是嚴重的過犯。

露西．烏爾莉許（Lucy Ulrych），巴黎克拉維斯電影廠的負責人，她在布拉格停留期間，我跟她提到我的這個想法。「您別擔心。卡夫卡是個先知。您記錄他的聲音。一個先知的聲音不會憑空消失。您其他的對話片段遲早會被找到的。法蘭茲．卡夫卡不是個平常的文學事件。卡夫卡的聲音是我們時代所有人類的一個重要福音。您的《與卡夫卡對話》一定會以完整版問市的。」

我們在溫策爾廣場夜裡絢爛的霓虹燈下散步，露西小姐的聲音裡滿溢著一種熱情的信念。我感覺到那種信念，但是我不相信她的話。我覺得她的熱情只是惺惺作態。我的對話的原稿和打字稿都已經散佚了。她應該記得這點。我覺得很不舒服，像是快要因血糖過低而昏倒，呼吸急促，汗流浹背。露西小姐叫計程車把我送回我在郊區住了一陣子的屋子。

臨別時她對我說：「您不可以懷憂喪志。就像卡夫卡說的，絕望是最嚴重的罪。您必須相信正義和救恩，然後一切都會否極泰來。正所謂禍兮福之所倚，不是嗎？」

露西小姐是對的。但是我直到很久以後才恍然大悟。那時候和露西小姐談話的我，飽受種種困境和剝奪的交相煎迫，那不是來自外在社會環境或國家體制，而是事物和人類的內在惡魔所招致的。

在我和露西小姐談話之前，我在極大的壓力下生活了好幾個月，怎麼樣都擺脫不了。日復一日，我越陷越深而難以自拔。我的妻子海倫（Helene）久臥病榻而辭世。接著我的女兒安娜（Anna）被摩托車撞死。我沒辦法參加她的葬禮，而阮囊羞澀的我也無法獨力負擔妻子的喪葬費。我以前在布拉格一家著名的出版社擔任外包編輯和翻譯，他們的女老闆自殺身亡。新的老闆不承認我和出版社的口頭約定。我工作了一整年，卻分文未得，我抗議他們的不義，卻也搞丟了其他所有工作機會。那時候我在德語書展上和幾個納粹黨起了口角，因爲我寫了一本書，探討種族迫害對心理的影響，以及爵士樂對於遭到種族迫害的人們的心靈解放，而他們試圖阻撓這本書的出版。我不只對黑人音樂如數家珍，也很熟悉德瑞新（Theresienstadt）貧民區裡的年輕猶太人的「有聲麵包」，我的老朋友，作曲家愛彌爾．路德維克（Emil Ludvík），爲此奉獻了畢生心血。

這些東西讓以前的種族主管以及新出爐的所謂的民主黨覺得如坐針氈，於是以很卑鄙的手段阻撓我的書《死亡的藍調》（*Der Todesblues*）出版，當我向他們抗議，他們索性連我幾個禮拜前才出版就售罄的《布拉格的邂逅》（*Prager Begegnungen*）也查禁了，那本書是應美國加州大學柏克萊分校以及蘇俄利維夫俄羅斯大學之邀，由萊比錫的保羅李斯特出版社（Verlag Paul List）發行的。

我由於對卡夫卡的信任和懷念而始終如一地堅持人道主義信仰，卻因此受到沒有任何法律依據的迫害，以至於貧病纏身。他們堵住我的嘴巴，試圖剝奪我所有的行動自由，以疲勞轟炸的審訊讓我崩潰。

他們差一點得逞。由於長年的病痛、精神的折磨以及日益繁重的塵勞，使得新陳代謝失去平衡而身心耗弱，我漸漸陷入內在和外在的孤寂，但是那並沒有讓我變得麻木不仁而鐵石心腸，剛好相反，我的感受力越來越敏銳。

我的醫師朋友們注意到我的免疫力越來越差。我幾乎一天到晚發燒而臥病在床。除了身體的衰弱，精神和道德的力量也顯著萎縮。我一向引以爲傲的記憶力出現了漏洞，才一轉眼就會忘記很習慣的動作和日常事務。生命對我而言再也沒有苟延殘喘的價值。我已經踏入卡繆（Camus）、貝克特（Beckett）以及其他傑出的荒謬主義者那樣的心境。死亡是我眼前唯一的景象。我會安靜地等待死亡而沒有任何留戀。如果我有什麼願望的話，我希望我能走得問心無愧。那些以無私的善心幫助我一路走來的人們，我希望沒有留給他們什麼債務或爛攤子。於是我回到位於國家大道的故居，自從我妻子死後，我只回去過一兩次，而且看了幾眼就離開。我找出所剩無幾的畫作、衣服和瓷器，想要將它們送給別人。不到半個鐘頭，桌子上堆滿了雜物。我到處找尋一只皮箱。房間裡沒找到。我先前在衣櫥的儲藏架上看到一兩件舊什物，於是我從那上面搬下一只破舊的大紙箱，裡頭盡是些毛料、毛線針和發黃的打版紙樣。我將紙箱裡的東西都倒在地板上。紙箱底下有一本約翰·史特勞斯（Johann Strauss）的圓舞曲樂譜，在它下面壓著我那灰色的「思想倉庫」。樂譜裡露出一疊打好字的紙。那就是我的《與卡夫卡對話》闕文的原稿。我頹然坐倒在地。

馬克斯·布羅德博士沒有任意刪改我的書。他一段都沒有刪掉。這麼多年以來，我一直錯怪他。都是我粗心大意的錯。而我寧可相信身邊的人，也不信任陌生人。急性子的約翰娜·瓦修維奇基於一片好意，沒有將完整的打字稿寄給布羅德。事情就是這樣。

至於那一疊紙和筆記本怎麼會收到紙箱裡，我不得而知。如今那再也不重要了。

露西小姐是對的。她說的一點也沒錯。她的熱情也不是裝腔作勢。就像我錯怪了布羅德和我自己一樣，我也錯怪了她。一個先知的聲音不會憑空消失。露西小姐早就看到了，而且也如是對我說。

於是，我的遺物的整理，就只能從我的卡夫卡見證的補遺開始。但是那不是終點，不是歸於塵土，而是一個開始，一個轉向。不只是對我而言如此，也包括許多看不見的、奮力迎向明天的人們。

正如親切而誠懇的馬克斯．布羅德博士所說的，卡夫卡是個指引人心的人物，因此，我在這裡寫下的公開懺悔和道歉，並不是個結語，而是一扇開啓的門，一個小小的心願，一個出入息，給予歷經恐懼和失望的折磨而憔悴不堪的我們一點力量，讓我們更有生命力，更加難以摧伏。

古斯塔夫．亞努赫 Gustav Janouch

Gespräche
mit
Kafka

與卡夫卡對話

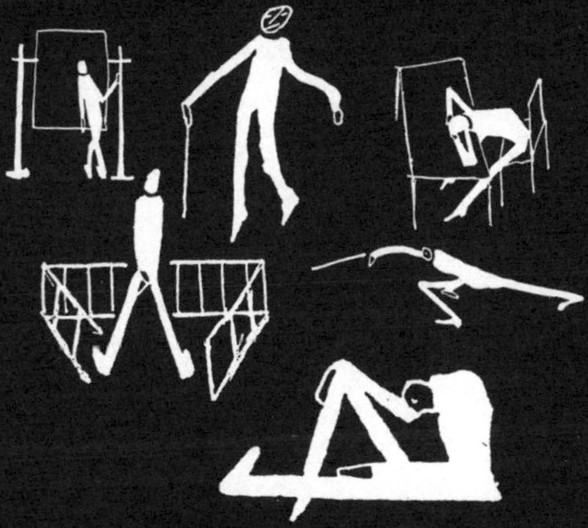

約莫是一九二〇年三月底的某一天，父親在晚餐時跟我說，要我明天早上到他的辦公室一趟。

「我知道你經常翹課到市立圖書館去，」他說：「這麼辦吧，明天早上來找我。穿整齊一點。我們要去拜訪一個人。」

我問他我們要去哪裡。

我的好奇心似乎讓他覺得很有趣，不過他沒有回答我。

「不要多問，」他說：「別那麼好奇，你會有意外驚喜的。」

第二天晌午，我到他在「勞工意外保險局」四樓的辦公室，他從頭到腳仔細地打量我一番，拉開辦公桌中間的抽屜，抽出一份上頭標題寫著「古斯塔夫」的綠色卷宗，放在他跟前，對我端詳了很久。

過了好一會兒，他才說：「你站在那裡做什麼？坐下。」他有點促狹地瞇起眼睛，看著我緊張的表情。「別怕，我不是要教訓你，」他顏色和霽地說。「我會像朋友對朋友說話一樣跟你聊聊。別把我當作你父親，好好聽我說。你在寫詩是嗎？」他凝視著我，一副要跟我算帳似的。

「你怎麼知道的？」我結結巴巴。「你是怎麼發現的？」

「那還不簡單，」父親說：「每個月電費驚人，我查了一下用電量增加的原因，注意到你房間裡的燈總是開到深夜。我想知道你在搞什麼鬼，於是留心注意。我知道你不停地埋首寫字，總是把寫好的東西撕掉，或是忸怩地藏在小鋼琴裡。有一天早上你上學去，我就把那些東西找出來瞧瞧。」

「然後呢？」我吞了吞口水。

「沒事，」父親說：「我找到一本黑色筆記，上頭的標題寫著『經驗之書』（Buch der Erfahrungen）。我覺得很有意思。但是我想那可能是你的日記，就把它擱在一旁。我不想搶走你的靈魂。」

「可是你讀了那些詩。」

「我是看了沒錯。那些詩收在一個黑色的卷宗裡，上頭寫著『美之書』（Buch der Schönheit）。很多詩我都看不懂在寫什麼。有些詩呢，我只能說很無聊。」

「你怎麼可以看我的詩？」

那時候我才十七歲，只要有人碰我一下，我都會覺得受到極大的侮辱。

「我爲什麼不能看？我爲什麼不能認識一下你的作品？有些詩我還滿喜歡的。我很想聽聽行家的專業判斷，於是用速記法抄了下來，到辦公室用打字機謄打。」

「你抄了哪幾首？」

「所有詩我都抄下來了，」父親回答。「不只是我看得懂的，我才覺得有價值。我要讓人評斷的不是我的品味，而是你的作品，所以我把全部的詩都抄下來，拿去給卡夫卡博士品評一番。」

「誰是卡夫卡博士？你從來沒有提過他。」

「他是馬克斯・布羅德（Max Brod）的好朋友，」父親解釋說：「布羅德的書《提赫・布拉厄的救贖之路》（*Tycho Brahes Weg zu Gott*）就是題獻給他的。」[1]

「他就是《蛻變》的作者嘛！」我大聲驚呼。「很精采的短篇小說！你認識他嗎？」

父親點頭稱是。

「他在我們的法務部工作。」

「他對我的東西有什麼評語？」

「他讚不絕口。我原本以爲他只是講客套話。但是他請我介紹你們認識。所以我跟他說你今天會來。」

「原來你說要拜訪的人就是他。」

---

1 一九一二年卡夫卡在文學界的初試啼聲，是布羅德促成的，早先在一九〇九年，布羅德將《閒思集》（*Betrachtung*）推薦給羅沃特（Rowohlt）出版社，還寄了兩篇卡夫卡的散文給《希培里翁》（*Hyperion*）雜誌並且得到刊登。《提赫・布拉厄的救贖之路》由庫特・伍爾夫（Kurt Wolff）出版社於一九一六年出版，題辭「獻給我的朋友法蘭茲・卡夫卡」。

「沒錯，我們就是要拜訪他，你這個塗鴉詩人。」

父親帶我到三樓，走進一間寬敞且擺設整齊的辦公室。

一個高瘦頎長的人站在兩張併排的辦公桌後面，他烏黑的頭髮向後梳，鼻子很挺，特別瘦削狹窄的前額下有著一雙讓人驚豔的藍灰色眼睛，嘴脣則浮漾著悲喜交集的微笑。

「這位一定就是那個詩人了，」他沒打招呼就對父親說。

「是啊，就是他，」我父親說。

卡夫卡博士和我握手致意。

「在我面前，您不必不好意思。我的電費也很高。」

他爽朗地大笑，我的羞怯頓時消失無蹤。

「原來他就是那隻神祕的臭蟲薩姆沙（Samsa）的作者，」我喃喃自語，看到眼前站著的是一個單純而有禮貌的人，我有點失望。

「您的詩裡還有許多雜音，」法蘭茲．卡夫卡說。父親讓我們兩個獨自待在辦公室裡。「那是青春期的副現象，表示生命力的過剩。不過就連這些噪音也很美，雖然它和藝術無關。反過來說，噪音會干擾表現。話說回來，我不是批評家。我沒辦法一下子變成某個東西，接著又變回我自己，精確地測量兩者的距離。就像我剛才說的，我不是批評家。我只是個受審者和觀眾。」

「也是個法官？」我問道。

卡夫卡尷尬地笑了笑。

「我的確也是個法庭職員沒錯，不過我不認識什麼法官。也許我只是個非常卑微的法庭臨時職員。我沒有確定的職位。」卡夫卡大笑。我也跟著笑，雖然我不明白他說什麼。

「苦難是唯一確定的東西，」他神情認真地說。「您都在什麼時候寫作？」

我沒有想到他會這麼問，於是不假思索地回答說：「晚上，在深夜裡。白天很少寫作。我在白天寫不出東西來。」

「白晝是威力強大的魔法。」

「光線、工廠、房屋、對街的窗戶，這些都會干擾我。不過主要還是光線的問題。光線會讓我無法專注。」

「或許它會讓人忘記內心的陰暗面。人們沉醉在光線裡，倒也不是什麼壞事。如果沒有這些惱人的失眠夜晚，我或許根本不會提筆寫作。但是那些夜晚一再讓我想起自己闃暗的孤寂。」

「他自己不會就是《蛻變》裡那隻不幸的臭蟲吧？」我不禁心想。

父親打開門走了進來，我如釋重負。

在濃黑的雙眉底下，卡夫卡有一對灰色的大眼睛。曬成褐色的臉龐灼灼清鑠。卡夫卡的臉總是在訴說著什麼。

只要可以用臉部的肌肉去代替話語，他總會那麼做。一個微笑、一個蹙眉，皺起狹窄的前額、嘟嘴抿脣，這些動作代替了千言萬語。

卡夫卡喜歡比手畫腳，正因爲如此，他不會濫用它們。他的手勢不是附屬於對話的話語重複，而是獨立的動作語言，是一種獨立的媒介，那絕不是被動的反射動作，而是有目的的意志表現。

十指交叉、手掌攤放在辦公桌的寫字墊上，上身舒適卻又緊繃地靠著椅背，低垂的頭埋在聳起的肩膀裡，一隻手按著心臟，這些只是他善用的表達媒介的一小部分，而他同時會漾起歉意的微笑，彷彿在說：「沒錯，我承認我在耍把戲，但是我希望你們喜歡我的把戲。畢竟——我只是爲了讓你們能夠很快就了解我的意思。」

「卡夫卡很喜歡你，」我跟父親說：「你們到底是怎麼認識的？」

「我們是在辦公室認識的，」父親回答。「在我畫了那張卡片檢索櫃的設計圖以後，我們才走得比較近。卡夫卡很喜歡我設計的樣式。於是我們聊了開來，他說下班以後，他都在卡洛林塔區（Karolinenthal）佩德布拉街（Padĕbragasse）的木匠柯恩侯伊瑟（Kornhäuser）那裡『上課』。從那時候起，我們開始閒話家常。後來我就把你的詩拿給他看，所以啦，我們就成了熟人。」

「爲什麼不是朋友呢？」

父親搖搖頭。

「他太內向了，總是習慣息交絕游。」

第二次去拜訪卡夫卡的時候，我問他說：「你還去卡洛林塔的木匠那裡嗎？」

「你怎麼知道的？」

「我父親跟我說的。」

「沒有，我很久沒去了。我的健康狀況不允許。我的身體陛下。」

「我可以想像。在滿是粉塵的工場裡幹活，不是什麼舒服的事。」

「你誤會我的意思了。我很喜歡在工場裡工作。刨光的木頭的氣味，鋸子的低吟，鐵鎚的敲打聲，都讓我心醉神馳。午後的時光總是過得特別快。我抬頭一看，才驚覺夜幕已經低垂。」

「那你一定累翻了吧。」

「是很累沒錯，但是我很快樂。世上沒有比單純的、看得見摸得著的、而且到處都派得上用場的手作更美好的事了。除了木工，我也在田裡和苗圃幹活。那比在辦公室裡案牘勞形要美好得多，也更有價值。坐在辦公室裡的人看起來是比較高級體面沒錯，但那只是表象。其實他們更孤單也更鬱鬱寡歡。就是這樣囉。知識工作會使人脫離人類社群。反之，手作會讓人回到人群裡。很可惜我再也無法到工場或花園工作了。」

「你該不會想要辭職吧？」

「爲什麼不呢？我一直夢想著到巴勒斯坦去當個農夫或工匠。」

「你會拋下這裡的一切嗎？」

「爲了一個無入而不自得、美好又有意義的生活，我願意放下一切。你認識作家保羅．阿德勒（Paul Adler）[2]嗎？」

「我只知道他的書《魔笛》。」

「他就在布拉格。和他的太太小孩住在一起。」

「他的職業是什麼？」

「他沒工作。他沒有任何職業，但是他有他的使命。他帶著妻子兒女到處訪友。一個優遊自得的作家。每次見到他，我總是於心有愧，因爲我讓我的生命淹沒在辦公室的塵務鞅掌裡。」

一九二一年五月，我寫了一首十四行詩，被路德維希．溫德（Ludwig Winder）採用，刊登在《波希米亞報》（*Bohemia*）的週日副刊上。[3]

卡夫卡趁著這個機會對我說：「你形容詩人是個神奇的巨人，腳踩著地上，而頭部隱沒在雲端。那是販夫走卒習慣的想像框架裡常見的意象，是深藏在心裡的願望的幻想，和現實世界大異其趣。其實，詩人比社會一般人要渺小而脆弱得多。正因爲如此，他對人世間的坎坷感受比其他人要來得鮮明強烈。對他來說，他的詩歌只是一個吶喊。在藝術家眼裡，藝術是個苦難，藉此他得以擺脫更多的苦難。他不是什麼巨人，而只是一隻顏色還算漂亮的鳥，困在自己生命的牢籠裡。」

2 譯注：保羅．阿德勒（Paul Adler, 1878-1946），猶太裔捷克作家，著有《埃洛希姆》（*Elohim*）、《或即》（*Nämlich*）、《魔笛》（*Zauberflöte*）。

3 路德維希．溫德（Ludwig Winder, 1889-1946），小說家和劇作家，於布拉格的《波希米亞報》擔任編輯，直到一九二八年。

「你也是嗎？」我問道。

「我是一隻怪鳥，」卡夫卡說。「我是一隻寒鴉（kavka）。泰因霍夫（Teinhof）那裡有個煤炭商，他就有一隻，你見過嗎？」

「有啊，牠總是在店門口飛來飛去。」

「沒錯，我的親戚都混得比我好。固然，牠的翅膀被剪了一段。對我來說，則根本無此必要，因爲我的翅膀早就萎縮了。因此在我眼裡，沒有所謂高度和距離這種東西。我在人群中茫然地來回跳跳蹦蹦，他們滿臉狐疑地打量著我。我的確是一隻危險的鳥，一個小偷，一隻寒鴉。但那只是假象。其實我對閃閃發光的東西已經沒什麼感覺了。正因爲如此，我根本沒有光可鑑人的黑羽毛。我就像煙灰一樣黯淡。我是一隻渴望躲在石縫裡的寒鴉。不過那只是個玩笑話，好讓你沒有注意到我今天有多麼低潮。」

我不記得到辦公室去看過卡夫卡多少次。但是有件事我記得很清楚：我總會在下班前半個鐘頭或一個鐘頭抵達勞工意外保險局的辦公室，當我打開門時，他的身影映入眼簾。

他坐在辦公桌後面，頭往後靠，兩腳伸直，雙手攤放在桌面上。他的姿態有點像費拉（Filla）的畫作《杜斯妥也夫斯基的讀者》（*Dostojewskijs Leser*）[4]。費拉的畫和卡夫卡的身影頗爲相似。但那只是外表。在相似的形貌背後，其內心世界可以說南轅北轍。

費拉畫裡的讀者震懾於某種東西，但是卡夫卡的身影則顯得泰然自若，表現出一副成竹在胸的全神專注。薄唇露出一抹淺笑，與其說是幸福的表情，不如說是一種遙遠而陌生的喜悅散發出的動人光華。他的眼睛總是由下往上注視著人們。卡夫卡的姿勢非常奇怪，彷彿在爲了自己高瘦的身材深表歉意。他的整個樣子好像是在說：「不好意思，我只是個微不足道的人，如果你能對我視而不見，我會很開心的。」

他說話的聲音像是微弱而沙啞的男中音，音調出奇地悅耳，儘管並不特別宏亮高亢。無論是他的聲音、表情或眼神，處處透顯出體諒和慈愛的靜謐。

他德語和捷克語並用，不過德語說得多一些。他的德語有一種很重的口音，有點像是捷克人的德語，卻不全然相仿。事實上他的德語完全不是那麼回事。

我印象中捷克人的德語腔調嘔啞嘲哳，非常刺耳，說話的口音彷彿被剁碎似的。但是卡夫卡的口音從來沒有給人這樣的印象。由於胸臆間的憤悱之氣，聽起來有些拘板庸

4 譯注：費拉（Emil Filla, 1882-1953），捷克畫家，前衛畫派領袖。

拙：每個字都像一塊石頭一樣。他說話時的澀訥，是因爲他總是字斟句酌，追求精確。那是由於他主動的個人特質，而不是被動的團體特徵。

他說話的樣子就像他的雙手一樣。

他有一雙蒲扇似的大手，手掌很寬，細長的手指，扁平的指甲，指骨和關節突起，線條卻很柔和。

每當我回憶卡夫卡的聲音、他的微笑和他的雙手，總會想起父親的話。他說：「懾人的力量，揉合著戒愼恐懼的纖細；那種力量，越是細微的地方，越是難能可貴。」

卡夫卡的辦公室只有一般大小，天花板很高，空間卻因此顯得有些狹窄，外觀有點像門庭若市的律師事務所那樣氣派優雅。其他的陳設也很搭配。大樓裡有兩扇黑得發亮的對開大門，打開其中一扇，穿過陰暗的走廊，便可以到卡夫卡的辦公室，走廊上堆滿了高大的檔案櫃，聞起來總是有殘菸和灰塵的氣味。另一扇門在入口右手邊的側牆正中央，通往勞工意外保險局前棟二樓的其他辦公室。不過就我記憶所及，這扇門從來沒有人打開過。訪客和職員習慣從走廊的門進去。聽到敲門聲，卡夫卡總是短促而輕聲地說

「請進」；相反的，卡夫卡的辦公室同事卻是盛氣淩人地大喊「進來」。

命令的語氣是有意給門口的訪客下馬威，接著看到的是一個男人緊蹙的黃色眉毛，如尿色般的稀疏頭髮，小心翼翼的「分縫」[5]直至頸部，高高的硬領搭著暗色的寬領帶，鈕扣扣得很高的背心，像是鵝一般的水藍色眼睛微微突出，他在卡夫卡的對面坐了好幾年了。

我記得卡夫卡總是會被他這位同事粗暴的「進來」一聲微微嚇到。他低著頭，一臉狐疑地打量著對面的同事，好像下一刻就輪到他要挨揍似的。即便對方說話的口氣很和善，他也是同樣的表情。顯然卡夫卡很忌憚他的同事特列莫（Treml）。

於是，我第一次到勞工意外保險局拜訪他不久以後，我就問他：「難道沒有人能夠在他面前講話嗎？他不會是個愛搬弄是非的人吧？」

卡夫卡搖搖頭。「我想他不是。但是辦公室裡其他和他一樣擔心飯碗不保的人，有時候會要各種卑鄙的手段。」

「你會怕他嗎？」

卡夫卡尷尬地笑了笑。「劊子手總是聲名狼藉。」

---

5 譯注：「分縫」（Lausallee）為奧地利方言。

「你的意思是什麼？」

「現在的劊子手是個很體面的公職，薪水也很優渥。在每個正直的官員心裡，沒有理由不藏著一個劊子手吧？」

「但是那些官員沒有殺過人吧。」

「他們當然有！」卡夫卡啪的一聲拍桌子說：「他們把有生命力的、能夠蛻變的人，弄成槁木死灰的、沒辦法蛻變的代碼。」

我只能很快地點點頭，我知道卡夫卡顧左右而言他，是不想對他的同事品頭論足。他不想多談他和對面的同事多年來的緊張關係。不過特列莫似乎也知道卡夫卡對他的厭惡，所以無論是在公事上或私底下，總會擺出居高臨下的態勢，以紆尊降貴的口氣跟卡夫卡說話，抿著薄薄的嘴脣，掠過一絲世故而挖苦的微笑。因爲卡夫卡以及他那些乳臭未乾的訪客，尤其是我，在他面前算什麼東西？

特列莫的臉色說得很清楚：「我眞搞不懂，你身爲保險局的律師，爲什麼要跟這個名不見經傳的低能兒瞎攪和，津津有味地聽他講話，有時候還要向他求教似的。」

坐在卡夫卡對面的這個同事毫不掩飾他對卡夫卡及其私人訪客的鄙夷。可是在他們面前，他總得收斂一下他的態度，於是他總是逕自離開辦公室，至少我去的時候是如此。卡夫卡顯然鬆了一口氣。他面帶微笑，卻無法對我掩飾他的心情。特列莫讓他很苦惱。所以，有一次我對他說：「有這樣一個同事，日子眞是難過。」

卡夫卡高舉雙手，一副很不以爲然的樣子。

「不，不！並非如此。他並不比其他職員更令人討厭。相反的，他比他們好多了。他可是個見多識廣的人。」

我反駁說：「也許他只是拿那些學問來炫耀。」

卡夫卡點點頭。「嗯，是有可能啦。很多人都這麼做，整天無所事事。不過特列莫眞的工作很認眞。」

我嘆了一口氣：「唉呀，你明明不喜歡他，還要替他說好話。你只是要用讚美掩藏你對他的厭惡。」

這時候卡夫卡的眼神閃爍，緊緊抿著下唇，我繼續說：「對你而言，他完全是個異類。你把他看作籠子裡的一頭怪獸。」

卡夫卡很生氣地瞪著我，強壓著怒氣，聲音有些嘶啞，他輕聲對我說：「你錯了。關在籠子裡的是我，不是特列莫。」

「這個誰都看得出來。這個辦公室……」

卡夫卡打斷我的話：「不只是在辦公室裡，我根本是無所逃於天地之間。」他右手握拳搥著胸膛。「不論我到哪裡，心裡一直有一座牢籠。」

我們相顧無語，默默凝望了好一會兒。接著有人敲門。我父親走進辦公室。緊張的氣氛頓時冰銷瓦解。我們盡聊些無關緊要的事。但是卡夫卡的話在我心裡縈迴不去，不只是在那天，甚至徘徊了好幾個禮拜，好幾個月：「我心裡一直有一座牢籠！」它原本只是一件小事的餘燼，多年以後，我猜約莫是一九二二年的春天或夏天，卻驀地嗶嗶剝剝竄起火舌。

那時候我和一個叫巴赫拉（Bachrach）的學生時常在一起聊天，就我所知，他只對三種東西有興趣：音樂、英語和數學。有一次他跟我說：「音樂是靈魂的各種聲調，是直接出自內心世界的聲音。英語相當於全世界的金錢帝國。數學在那裡頭雖然扮演了某個角色，不過那不是最重要的。數學遠遠超過笨手笨腳的會計領域。它是所有理性秩序的根柢，探觸到形上學的事物。」

他的高談闊論時常讓我瞠不知所對。這讓他很開心，於是經常帶一些雜誌、書籍和劇院的票給我。有一次他遞給我一本新書，而我一點也不驚訝。

「今天我給你帶來一件很特別的東西。」

那是本英文書，書名是《狐女》（*Lady into Fox*），作者是大衛・賈奈德（David Garnett）。

「我怎麼看這本書啊，」我失望地問他：「你明知道我不會英文。」

「我知道。我不是拿來要你讀的。這本書只是用來證明我想跟你說的一些話。你敬愛的卡夫卡現在已經舉世聞名了。這本書證明到處有人在模仿他。賈奈德的這本書就是《蛻變》的翻版。」

「是剽竊之作嗎？」我不客氣地問。

巴赫拉揮舞雙手說：「不是啦。我可沒這麼說。賈奈德的書只是用了相同的梗。一個女士變成一隻狐狸。一個人變成了動物。」

「這本書可以借我嗎？」

「當然可以。不然我帶來做什麼？你可以拿去給卡夫卡看看。」

第二天，因為卡夫卡不在辦公室，所以我到他的住處去找他。順帶一提，那是我第一次也是最後一次拜訪他家。一個骨瘦如柴、一襲黑衣的婦人為我開門，清澈明亮的藍灰色眼睛、嘴型和隆起的鼻梁，一眼就看得出來是卡夫卡的母親。

我自我介紹說是卡夫卡同事的兒子，想問看看是否可以跟他見面談一談，她說：

「他在床上，我去問問他。」

她讓我待在樓梯間，幾分鐘後，她回到門口，臉上洋溢著不言而喻的歡喜表情。

「他很高興你的來訪。他甚至要了一點東西吃。不過請你不要聊太久。他很疲倦。

他一直睡不著。」

我答應她我很快就會告辭。於是她領著我穿過狹長的前廳、一間擺設著深褐色傢俱的大房間，來到一間狹小的臥室，裡頭有一張樸素的床，上頭鋪著一條白色的薄被，而卡夫卡就躺在床上。

他笑著朝我招手，略顯疲態地指著床腳的椅子說：「請坐。我可能沒辦法講很久，請見諒。」

「該抱歉的是我，」我回答說：「請原諒我不請自來。可是我有一件重要的事要跟你說。」

我從夾克口袋掏出那本英文書，擺在他面前的被子上，跟他說了昨天我和巴赫拉的談話。當我跟他說賈奈德模仿《蛻變》的手法時，他疲憊地笑了笑，輕搖著手說：「不，他並沒有模仿我。那是時代的問題。我們都抄襲自它。動物比人類更接近我們。那就是所謂的牢籠。比起人類，我們更容易在動物當中找到親緣關係。」

這時卡夫卡的母親走進房間。

「你要吃點什麼嗎？」

我起身說：「不了，謝謝，我不再叨擾了。」

卡夫卡太太望著她的兒子。他的下巴抬高，眼睛閉了起來。

我說：「我只是拿這本書過來。」

卡夫卡睜開眼睛，看了被單一眼說：「我會讀看看。也許下個禮拜我就會回去上班，我會把書帶去。」

他和我握手，又閉上眼睛。

但是接下來的一整個禮拜，他都不在辦公室。一直過了十天或十四天，我才有機會陪他散步回家。他把書還給我說：「每個人都活在一座牢籠裡，他們到哪兒都帶著它。所以現在人們才會寫這麼多關於動物的故事。那透露了人們嚮往自由而自然的生活。然而，對人類而言，所謂自然的生活，無非人性的生活。可是人們就是視而不見。他們不願意正視它。人類的存在太沉重了，所以才會想要擺脫它，至少在幻想裡吧。」

我順著他的想法說：「那就像法國大革命以前風起雲湧的運動一樣。那時候人們高喊：回歸自然。」

「沒錯！」卡夫卡點頭說：「不過現在的人尤有甚者。他們不只是說說，他們是玩眞的。人變回動物。那比人類的存在簡單多了。混跡在人群裡，魚貫穿梭在城裡的街上，趕著去上班、吃東西、找樂子。和在辦公室裡的牢獄生活沒什麼兩樣。沒有驚奇，只有各種慣例、表格和規定。人們害怕自由和責任，這就是為什麼他們寧可躲在自己打造的牢籠裡。」

和卡夫卡初遇後大約過了三個禮拜，我總算有機會和他一起散步。在辦公室裡，他告訴我約莫四點鐘在舊城廣場（Altstädter Ring）上的胡斯紀念碑（Hus-Denkmal）那裡等他，他要把我借給他的一本詩作還給我。

我依約準時抵達，但是卡夫卡遲到了快一個鐘頭。

他一臉歉意地說：「我一直沒辦法遵守約定，老是遲到。我很想掌握時間，誠心誠意地想要遵守未來的約定，可是無論是環境或身體的原因，總是讓我事與願違，暴露出我的弱點。那或許也就是我的病灶吧。」

我們沿著舊城廣場散步。

卡夫卡說，我的一些詩其實可以發表了。他想拿給奧托．皮克（Otto Pick）[6]看看。

「我跟他提過這件事，」他說。

我請求他不要發表那些詩。

卡夫卡停下腳步。

「你寫這些東西不是爲了要發表嗎？」

「不，那些只是試作，很謙卑的嘗試，我只是想證明自己沒那麼笨。」

我們繼續往前走。卡夫卡指了指前面說，那是他父母親的商店和住家。

「啊，你們家眞有錢，」我說。

卡夫卡撇著嘴。

「何謂財富呢？對某些人來說，有一件襯衫就已經很富有了。對另一些人而言，就算擁有千萬家產，他也覺得很窮。財富是相對的東西，而且永遠無法讓人滿足。基本上，它只是個特殊情況。財富意味著對事物的依賴，也就是人們所擁有的東西，而且必須透過擁有更多東西，新的依賴，才能防止財富消失。那只是一種物質化的不安全感罷了。不過這些都是屬於我父母親的，和我一點關係也沒有。」

我和卡夫卡的散步是這樣子結束的：

我們兜了一個大圈子，回到金斯基宮（**Kinsky-Palais**），從一家門口掛著「赫曼·卡夫卡」（**Hermann Kafka**）招牌的商店裡，走出一個高大魁梧的男子，穿著深色外套，戴著很別致的帽子。他走到我們跟前五步的地方迎接我們。我們向前走了三步，那個男子朗聲說：「法蘭茲，回家吧。外頭太潮濕了。」

卡夫卡怪裡怪氣地低聲說：「那是我父親，他老是擔心我。愛經常戴著威權的面

---

6 奧托·皮克（Otto Pick, 1887-1940），以翻譯捷克語作品聞名，最早是銀行職員，後來在《布拉格報》（*Prager Presse*）擔任編輯。

具。再見了，有空的話，記得來看我。」

我點點頭。卡夫卡沒有和我握手就轉身離去。[7]

——

幾天後，我依約在下午五點左右到他父母親的商店門口等他。我們原本約好要到城堡區（Hradschin）散步。但是卡夫卡身體不舒服。他呼吸困難。於是我們只是越過舊城廣場，經過卡芬街（Karpfengasse）裡的尼古拉教堂（Niklas-Kirche），到小環路上的市政廳繞一繞，駐足在卡爾夫書店的櫥窗前。我低著頭，左右側著肩膀，辨識書背上的書名。卡夫卡不覺莞爾。「原來你也是看到書就搖頭晃腦的書癡啊。」

「是啊，沒錯。我想沒有書我就活不下去吧。對我來說，書就是整個世界。」

卡夫卡眉頭深鎖。

「這就不對了。書不能取代世界。那是不可能的。在生活裡，一切都有它的意義和使命，那是不能被其他東西完全取代的。好比說，你沒辦法從別人那裡掌握生命的體驗。世界和書亦然。人們想要把生命當作籠中的鳴禽一樣關在書本裡。但那是行不通的。而且正好相反，人類只是用書本的抽象觀念給自己蓋了一只體系的牢籠。哲學家只是衣著五彩繽紛、拎著各種籠子的捕鳥人帕帕基諾（Papageno）。」

話畢他哈哈大笑，接著悶聲咳個不停。發作過後，他好不容易擠出一絲微笑說：「我說的是眞話。你剛才都聽到也看到了。別人用打噴嚏證實他們所言不虛，我則是用我的肺證實我說的話。」[8]我聽了有些不安。爲了掩飾我的尷尬，我問他說：「你不會是著涼了吧？是不是發燒了？」

卡夫卡疲憊地笑一笑：「沒有……我總是覺得不夠暖。所以我一直在燃燒——因爲寒冷。」

他用手帕揩去額頭上的汗。紋路深陷的嘴角連著抿成一線的薄脣，臉色蠟黃。

他跟我握手說：「再見。」

我半句話都說不出來。

卡夫卡接到郵局寄來的短篇小說《在流放地》的校樣時，我剛好到辦公室找他。他打開灰色的紙袋，不知道裡頭裝的是什麼。他翻開一本暗綠色封面的書，才曉得

7 我和卡夫卡對話的那段日子，他父親的店鋪位於舊城廣場的金斯基宮；卡夫卡和他父母親住在歐皮特大廈（Oppelt-Haus），巴黎街和舊城廣場轉角的大樓。

8 譯注：德語「beniesen」（證實）是俚語，字面意思是用打噴嚏證明剛才說的話。

那是他的書，頓時顯得很尷尬。他打開抽屜，看了我一眼，又把抽屜關上，把書遞給我。

「你一定很想看看這本書吧。」

我微笑不語，翻開書，隨意瀏覽一下排版和紙張，就把書還給他，因爲我感覺到他的侷促不安。

「書印得很漂亮啊，」我說：「眞不愧是著名的德魯古林出版社（Drugulin-druck）的作品。你應該很滿意吧，先生。」

「喔，其實不是很喜歡呢。」卡夫卡說，不經意地把書塞到抽屜裡，把抽屜關上。

「出版自己塗鴉的作品總是讓我很不安。」

「那你爲什麼要讓它出版呢？」

「就是說啊！布羅德、威爾屈（Felix Weltsch）[9]總是把我寫的東西搶走，沒跟我說一聲就和出版社簽好約。我不想讓他們難堪，就這樣，原本只是個人的札記或是戲作，到頭來都出版了。我的人性弱點的個人見證，都印成了書，甚至到處販售，因爲以布羅德爲首的朋友們滿腦子想要把它變成文學，而我又無力銷毀我的孤獨的證據。」

過了一會兒，他換另一種語調說：「我剛才說的當然有點誇張，對我的朋友們不是很厚道。其實我自己也很恬不爲恥地協助他們出版這些東西。爲了替我的弱點開脫，我讓我的環境深溝高壘，比它實際的狀況還來得堅固。那當然是個謊言。我自己就是個律師。爲此我總是和邪惡脫不了干係。」

卡夫卡很疲倦地坐在桌子後面，臉色慘白，雙臂無力地低垂，頭也微微歪一邊。我知道他很不舒服，原本要道歉起身告辭，但是他把我留下來。

「再待一會兒吧。我很高興你來看我。跟我說些什麼故事吧。」

我明白他是想要擺脫自己的沮喪，於是就說了許多我聽來的或是親身經歷的小故事。我描述我和父母親居住的郊區的街坊鄰居，把粗壯的飯店老闆、大樓管理員，以及我的一些朋友都搬到他眼前，我描述卡洛林塔區的莫爾道河老碼頭，甚至是小混混激烈的街頭鬥毆，不過他們大都只是拿滿街的馬糞當作可怕的武器互相丟擲。

「噢，」卡夫卡失聲說，他是個很愛乾淨的人，在辦公室裡隨時都要洗手的。他扮了個鬼臉，好像戴著既嫌惡又嘲謔的搗蛋鬼面具。他的沮喪霎時煙消雲散，我這才開始跟他聊起展覽、音樂會和我今天看過的書。卡夫卡總是很驚訝我一天裡可以啃那麼多書。

9 威爾屈（Felix Weltsch, 1884-1964），哲學家和新聞工作者，布拉格《自衛報》（*Selbstwehr*）總編輯。

「你實在是一座廢紙倉庫！你晚上都在做些什麼？睡得好嗎？」

「我睡得很沉，」我很有自信地說。「一直到早晨，我的良知才會把我叫醒。向來都很規律，彷彿我腦袋內建了一只鬧鐘似的。」

「那麼夢呢——你會做一些夢吧？」

我聳聳肩。「我不清楚。有時候我醒來時會記得一些夢的片段，可是一下子就忘記了。在我的記憶裡，很少有什麼夢。而且通常是很瞎很混亂的情景。就像前天一樣。」

「你夢見什麼？」

「我在一家大賣場裡，我跟著一個陌生人走，穿過一間大廳，裡頭擺滿了腳踏車、馬車和火車頭。我的夥伴對我說：『這裡買不到我想要的新帽子。』我挖苦他說：『你幹嘛買新帽子？你應該買一張比較好看的新臉孔才對吧。』我原本是想要激怒他，但是他不爲所動。『也對，』他說：『但是我們得上樓到另一個部門去才行。』於是他匆匆走到一座很寬的螺旋梯。接著我們人就在一間很寬敞、映著藍綠色燈光的大廳，一個成衣部門，一望無際的衣架上掛著各式各樣的外套、夾克、女裝和男性西裝，衣服裡有高矮胖瘦不一的無頭屍體，手腳無力地垂著，我嚇壞了，悄悄對我的夥伴說：『那些都是被砍頭的屍體！』我的夥伴哈哈大笑說：『胡扯！你完全不懂得做生意。那不是屍體，而是包裝待售的新人類。他們晚一點就會把頭裝上去。』他隨手指了指前頭陰暗的長廊，兩個年紀很大、戴著眼鏡的護士，正把一具擔架抬到加高的月台上，標誌上寫著：『裁縫間，禁止進入』。那兩個護士小心翼翼地踩著碎步前進，因此我可以清楚看到她們抬的是什麼東西。那是一個男人，側臥在擔架上，就像畫裡玉體橫陳的婢妾。他穿著黑色的漆皮鞋、條紋褲和深灰色的禮服，就像我父親在節日習慣穿著的那樣。」

「擔架上的那個人讓你想起你父親嗎？」

「沒有，我根本沒看到他的臉。他的頭層層裹著寬版白色紗布繃帶，一直到背心開襟，就像重傷病患一樣。但是他看起來好像沒事。他手裡拿著一根細長的黑色手杖，上頭有個銀製的曲柄，他正賣弄似的揮舞著它。被紗布裹得歪七扭八的頭上戴著軍帽，有點像我哥哥漢斯當年在奧地利當炮兵時禮拜天會戴的帽子，它不時滑落下來，他則用另一隻手扶著。幾年前的回憶歷歷在目，於是我探身走到長廊那頭，想看看躺在擔架上的到底是誰。可是那兩個護士和擔架卻突然消失無蹤，我只是站在一張滿是墨漬的小桌子前面，坐在桌子後面的，就是你的同事特列莫。我的左右兩側驀地站著兩名男子，穿著白色亞麻長袍。我知道他們是喬裝成醫院看護的警察，長袍底下藏著軍刀和槍套。」

卡夫卡嘆道：「這下子你可嚇壞了吧？」

「是啊，」我點頭承認。「我很害怕。但是那兩個人還沒有特列莫那麼可怕，他陰森森地對著我笑，手裡把玩著一把很細的銀色拆信刀，接著怒叱說：『你戴錯臉孔了，你根本不是你所裝扮的那個人。你放心，我們會搞定它。我們會把你偷來的臉皮從骨頭上剝下來。』他拿著拆信刀惡狠狠地在空中劃了幾刀。我驚恐不已，四下找我的同伴。但是他不見了。特列莫先生冷笑說：『別白費工夫了，你跑不掉的。』我聽了很生氣，對他叫道：『你是什麼東西，你這個辦公室的小傀儡，我父親的職位比你高多了。我才不怕你的拆信刀呢。』我大概說到他的痛處了。特列莫臉都綠了。他一躍而起，咆哮說：『這可是一把手術刀。待會兒有你好看的。把他押走！』那兩個臥底警察抓住我。我想要大叫，可是一個警察用他毛茸茸的黑色巨掌摀住我的嘴。我狠狠咬了他汗臭味很重的拳頭，然後就嚇醒了。我臉色慘白，汗流如瀋。那是我做過最可怕的夢。」

卡夫卡用左手背揩了揩下巴。「我相信，」他趴在桌上，緩緩地交叉手指。「成衣業的世界眞是個地獄，一堆臭糞，一個臭蟲窩。」他凝視了我好幾分鐘。我等著他還要說些什麼。而他只是閒話家常似的說：「你不是要去找你父親嗎？我還有事情要做。」他笑著和我握手。「工作可以讓人擺脫對夢的渴望，夢只會使人炫目，對人百般阿諛諂媚，讓人忘乎所以。」

年輕人非常崇拜卡夫卡。他的短篇小說《火伕》（*Der Heizer*）[10]充滿了善良和悲憫，我在跟他討論這篇小說的捷克語譯本時如是對他說。譯者是米蓮娜．耶森斯卡（Milena Jesenská）[11]，刊登在文學雜誌《樹幹》（*Kmen*）上。[12]

「小說裡有好多陽光和好心情。裡頭有滿滿的愛，雖然對愛不著一字。」

「愛不在小說裡，而是在小說的對象裡，在青春裡。」卡夫卡很嚴肅地說。「青春充滿了陽光和愛。青春是幸福的，因爲它有能力看見美。當它失去這個能力，絕望的衰老、腐朽和不幸就會接踵而至。」

「老了以後就摒除任何幸福的可能嗎？」

「不是，是幸福拋棄了年老。」他低頭微笑，彷彿要把頭埋在聳起的兩肩裡。「只要保有看見美的能力，就永遠不會年老。」

他的微笑、姿態和聲音，簡直就像是個安靜而快樂的年輕人。

「這麼說，你在《火伕》裡一直是很年輕而快樂的？」

10 《火伕》收錄在卡夫卡的《美國》（*America*）裡。

11 譯注：米蓮娜．耶森斯卡（Milena Jesenská, 1896-1944），捷克記者、作家和翻譯家。一九一九年，她發現卡夫卡的小說《火伕》，取得他的同意翻譯，是卡夫卡的第一本捷克語小說譯本，他們開始密集通信，也見了兩次面，後來因為米蓮娜無法離開她先生，卡夫卡便停止兩人的魚雁往返。米蓮娜死於集中營。

12 米蓮娜．耶森斯卡和卡夫卡的關係見：Franz Kafka, *Briefe an Milena*. Frankfurt: S. Fischer, 1952。

我話還沒說完，他的臉就沉了下來。

「《火伕》寫得很好，」我趕緊補充說。但是卡夫卡的深灰色大眼睛充滿了哀傷。

「訴說遙遠的東西，是人們最拿手的，也看得最清楚。《火伕》是一個夢的回憶，是回憶一個永遠不會實現的夢。卡爾・羅斯曼（Karl Roßmann）不是猶太人。[13]而我們猶太人生下來就是老頭子。」

———

又有一次，我和卡夫卡在談論一個少年犯罪案件時，再次提到他的小說《火伕》。我問他說，十六歲的卡爾・羅斯曼是否取材自某個模型。

卡夫卡說：「我有很多模型，也可以說沒有。但是那一些都已經過去了。」

「年輕的羅斯曼和火伕的形象非常生動，」我說。

卡夫卡的臉色又沉了下來。

「那只是副產品。我並不是要描寫人物。我是在訴說一個故事。他們只是個形象，形象而已。」

「但是他們一定有其原型吧。形象的前提是看見，不是嗎？」

卡夫卡笑了笑。

「人們拍照，是要將事物從感官裡趕出去。我的故事，是要讓人們閉上眼睛。」

——

每次談到他的書，他都不願意多說什麼。

「我讀了《判決》（*Das Urteil*）。」

「你喜歡嗎？」

「喜歡？這本書太恐怖了。」

「沒錯。」

「我想知道你怎麼會寫這種東西。你的題詞『獻給F』應該不只是虛應故事。你一定是要以這本書跟某個人說些什麼吧。我很想知道它的背景。」[14]

卡夫卡赧然微笑。

「我眞是厚顏無恥，不好意思。」

「你不必抱歉。人們就是有問題要問才要讀書啊。」

---

13 譯注：小說裡的主角，十六歲的卡爾獨自移民到美國，在船上愛上一個女侍，當船靠岸時，卡爾為了找他的雨傘而巧遇一個船上的火伕。

14 F指菲莉絲·包爾（Felice Bauer, 1887-1960），卡夫卡和她兩度訂婚，關於題獻的背景，見：Franz Kafka, *Briefe an Felice und andere Korrespondenz aus der Verlobungszeit*. Frankfurt: S. Fischer, 1967。

「《判決》是在夜裡出沒的幽靈。」

「此話怎講？」

「它是個幽靈，」他很嚴肅地凝望遠方。

「但是你把它寫出來了。」

「那只是證實它的存在，我們才可以完全袚除幽靈。」

我的朋友亞弗烈・肯夫（Alfred Kämpf），來自法克瑙（Falkenau）附近的阿特沙多（Altsattl），我是在艾伯根（Elbogen）認識他的，他非常推崇卡夫卡的《蛻變》。他說作者是個「更深邃的、因此也更珍貴的新愛倫坡（Edgar Allan Poe）」。有一次在舊城廣場散步時，我跟卡夫卡提到他的新粉絲，但是他既不感興趣，也不想知道他是誰。相反的，卡夫卡的表情讓人覺得他很不好意思談起他的書。我很想追根究柢，因此很不識相地沒理會他的感受。

「小說裡的主角叫作『薩姆沙』，」我說：「聽起來像是卡夫卡的諧音詞。一樣有五個字母。薩姆沙的『S』相當於卡夫卡的『K』。至於『A』……」

卡夫卡打斷我的話。

「那不是諧音詞。薩姆沙和卡夫卡一點關係也沒有。而且《蛻變》也不是什麼自白，雖然它在某個意義下有點輕率衝動。」

「我不明白你的意思。」

「跟別人談起自家的臭蟲，那會是聰明謹慎的舉動嗎？」

「在體面的社會裡，的確不很尋常。」

「你瞧，我是不是很卑鄙？」

卡夫卡哈哈大笑。他想結束這個話題，可是我窮追不捨。

「我想這和『正直』或『卑鄙』無關，」我說：「《蛻變》是個可怕的夢，一個可怕的概念。」

卡夫卡停下腳步。

「夢揭露現實，而概念只是跟在現實後面亦步亦趨。這就是生活可怕的地方，也是藝術震懾人的地方。不過現在我該回家了。」

他匆匆和我道別。

是我把他嚇跑了嗎？

我覺得很慚愧。

——

我們有十四天沒見面了。我跟他提到我在這期間「囫圇吞棗」的書。卡夫卡微笑說：「從生活裡，我們可以提煉出數不盡的書，但是從書裡頭，我們卻看不到什麼生活。」

「這麼說，文學是很不好的藝術媒介囉？」我說。

卡夫卡哈哈大笑，點頭稱是。

——

如果人們說卡夫卡的笑聲算是大的，那麼我和卡夫卡在一起的時候，應該是經常笑得很爽朗吧。但是我記憶裡印象最深刻的，不是他的笑聲，而是他在開心的時候習慣做出的肢體動作。他會隨著笑的強度，或快或慢地將頭往後仰，拉長成一條線的嘴脣微啓，瞇著眼睛，像是正直視著太陽。時或他會將手擱在桌面上，聳起肩膀，咬著下脣，低著頭，眼睛緊閉，彷彿突然有人向他潑水似的。

或許受了這些動作的感染，有一次我跟他說了個不久以前忘了在哪裡讀到的中國小故事。

「心是一棟有兩間臥室的房子。其中一間住著痛苦，另一間住著歡樂。人們不可以笑得太大聲，免得吵醒了隔壁的痛苦。」

「那麼歡樂呢？它不會被隔壁吵醒嗎？」

「不，歡樂的耳朵重聽。它聽不見隔壁的痛苦。」

卡夫卡點點頭。「沒錯，這就是爲什麼人們時常強顏歡笑。人們在耳朵裡塞了歡樂的蠟塊。就像我一樣。我會假裝快樂，躲藏在快樂後面。我的笑聲是一堵水泥牆。」

「要擋著誰呢？」

「自然是要擋著我自己囉。」

「可是牆是用來抵擋外在世界的，不是嗎？」我說。「它是用來抵禦外侮的。」

卡夫卡期期不以爲然。

「問題就在這裡！任何抵擋都是一種拒絕，一種躲藏。所以說，抓住外在世界就是抓住內在的自己。因此，任何水泥牆都是個假象，遲早都要崩壞的。因爲內在和外在其實是一體兩面的。一旦它們分裂了，就成了同一個祕密的兩張讓人困惑的臉孔，我們只能默默承受，卻不知道爲什麼。」

——

那是一個霪雨霏霏的十月天。勞工意外保險局走廊上的燈都打開了。卡夫卡的辦公室像個昏暗的洞穴。他埋首在辦公桌前，桌上攤開一張八開大的灰白色辦公室用紙，手裡握著一隻長長的黃色鉛筆。我走近卡夫卡時，他將鉛筆擱在紙上，紙上畫滿了詭異人物的潦草素描。

「這些都是你畫的？」

卡夫卡面露羞赧的微笑說：「沒啦，只是胡亂塗鴉。」

「我可以看看嗎？你知道我對素描很有興趣。」

「但是這些素描見不得人啊。那是純屬個人的，看不懂是什麼東西的鬼畫符。」

他拿起那張紙，用兩手揉成一團，扔進桌子旁的字紙簍裡。

「我的人物比例都不太對，沒有自己的視平線。我想要抓住人物的輪廓，可是他的透視消失點不在紙上，而在我的鉛筆沒有削尖的另一端——在我的心裡！」他伸手到字紙簍裡拿出剛扔進去的那團紙，將它打開，然後撕個粉碎，手一揮又掃進字紙簍裡。

有好幾回，卡夫卡在素描時被我撞見，每次他都把他所謂「塗鴉」的素描揉成一團扔到字紙簍，不然就是趕緊藏到桌子中間的抽屜裡。對他而言，他的素描比他的寫作更私密。這自然使得我對於卡夫卡刻意隱藏的東西更加好奇。我裝作沒有注意到他匆匆收起素描的動作，但是我的僞裝免不了露出一點壓抑和緊張。我沒辦法一如往常那樣心無遮翳地（或者只是我自以爲的）自在談天。

這一切卡夫卡都看在眼裡，他知道我侷促不安，有一天我又看到他在素描，他便把他的畫冊塞給我，避開我的視線說：「給你瞧瞧我的塗鴉。我不停撩撥你無法滿足的好奇心，讓你很壓抑，這樣子很沒有意思。請不要見怪。」

我無言以對，覺得自己像是被逮到做了什麼卑鄙的事，當下很想乾脆把畫冊塞回抽屜裡。不過我還是回過神來，側著頭斜視畫紙。那都是一些很怪異的小人物的速寫，只有強調抽象的動作，或奔跑，或鬥毆，或在地上伏行，或是跪著。

我有些失望。

「這沒什麼嘛！只是無關緊要的素描，你大可不用藏著不給我看。」

卡夫卡緩緩搖頭。「喔不，這些東西並不如表面上那麼無關緊要。這些素描是很久以前的、深深烙印在心裡的熱情的痕跡。所以我要把它們藏起來。」

我再看一次畫裡的小人物。

「我不懂你的意思，先生，這裡頭哪有什麼熱情？」

卡夫卡對我報以諒解的微笑。「那熱情當然不在紙上，那裡只有痕跡。熱情是在我心裡。我一直很想把它畫出來。我很想到處看看，把我所看到的畫下來。那就是我的熱情。」

「你以前學過繪畫？」

「沒有，我只是用自己的方式去界定我所看到的東西。我的素描算不上是繪畫，是個人的表意文字而已。」卡夫卡微微一笑。「我一直都囚禁在埃及裡，並沒有越過紅海。」

我笑說：「越過紅海以後可是一片曠野。」

卡夫卡點頭說：「是啊，聖經和其他出處都是這麼說的。」

他兩手撐著桌角，往後靠坐在椅子上，一派輕鬆地凝望著天花板。

「想要以外在的手段獲致假象的自由，其實是很荒謬的。那是一種混淆，是一片曠野，除了憂懼和絕望的苦草叢生，什麼也長不出來。那是想當然耳的事，因爲任何擁有眞實而恆久的價値的東西，總是來自內心的禮物。人的成長不是由下往上，而是由裡往外。那是一切生命自由的基本條件。它不是人爲產生的社會氛圍，而是必須不斷爭取的對自己以及世界的態度。那就是使人自由的條件。」

「一種條件？」我一臉狐疑地問。

「是的，」卡夫卡點點頭，重複一次他的定義。

「但那完全是弔詭的東西嘛！」我高聲說。

卡夫卡深深吸了一口氣，然後說：「是的，事實上的確如此。那構成我們自覺的生活的微光，必須跨越對立的鴻溝，從一端跳到另一端，好讓我們在電光石火之際看見世界。」

我沉默了一會兒。接著指著素描輕輕問：「那麼這些小人物——他們是誰？」

「他們來自黑暗，爲的是要消失在黑暗裡，」卡夫卡說，拉開抽屜，將那些塗塗抹抹的紙張塞進去，若無其事地說：「我的塗鴉是不斷重複而失敗的原始巫術的嘗試。」

我茫然不解地望著他，當時我的表情一定很蠢，因爲卡夫卡嘴角抽搐了一下，顯然忍俊不禁，他用手摀住嘴巴，輕咳幾聲說：「人類世界的所有事物，都是喚醒生命的圖畫。愛斯基摩人在他們想要生火的木頭上畫畫，畫了幾條波浪紋。那是火的巫術圖案，他們鑽木取火，喚醒了生命。我也是一樣。我想要以這些速寫對付我所看到的形象，但是我的角色們不會著火。或許我用錯了材料，或許我的鉛筆材質不對，也有可能是我自己沒有必需的特質。」

「聽起來是這樣，」我附和說，試著促狹地笑道：「是啊，先生，你畢竟不是愛斯基摩人。」

「沒錯，我不是愛斯基摩人，但是我和現在大多數人一樣，都生活在酷寒的世界裡。而我們卻沒有愛斯基摩人的生活背景、皮裘以及其他生存工具。相對於他們，我們每個人都是寸絲不掛。」他抿著嘴脣。「現在穿得最暖的，其實是裹著羊皮的狼。牠們可舒服了。那衣服穿起來眞是合身。你不覺得嗎？」

我不以爲然地說：「謝了，我寧可凍死。」

「我也是！」卡夫卡高聲說，手指著中央暖氣系統的暖氣片，長條形的錫盤正冒著蒸汽。「無論是自己的或是借來的，我們都不要毛皮。因爲我們寧可守著我們自在愜意的冰原。」我們一起哈哈大笑：卡夫卡是爲了替我掩飾我的無知，而我呢，則是因爲把他的善意視爲理所當然而接受它。

——

我去看卡夫卡的時候，心情很激動。

「怎麼啦？你的臉色很蒼白。」

「沒事，過一會兒就好了，」我費力地說，勉強擠出一絲笑容。「我明明不是那個樣子，別人卻總是認爲我是。」

「那一點也不奇怪，」卡夫卡微微噘著嘴脣說。「那是人類相處時的一個古老錯誤，唯一不斷更新的，是它所導致的痛苦。」他從桌子上拿起一份卷宗。「你坐在這裡等我一下。我還有點事要做，我馬上就回來。要不要我暫時把門鎖上，免得別人打擾你？」

「不用了，謝謝。我很快就會沒事了。」

卡夫卡靜悄悄地離開房間。我靠坐在椅子上。

那一陣子，我一直有很嚴重的頭痛毛病，斷斷續續的，而且經常是突如其來的，是臉部的三叉神經太敏感所造成。不到一個鐘頭前，我在來勞工意外保險局的路上才發作過一次。我不得不在國家火車站附近的翡冷翠廣場上倚著招牌牆休息，耐心等待發作過去。頭痛最劇烈的時候，會汗流浹背、反胃嘔吐，過了以後，頭痛就會迅速減緩。我覺得漸漸恢復正常，但仍然靜靜靠著牆，因爲我的兩腳顫抖不已。

從我身旁走過的人們很不高興地看著我，我覺得他們充滿輕蔑的態度。一個老婦人對她身邊的年輕女孩說：「妳瞧瞧，那個邋遢鬼，像醉鬼一樣，喝得醉醺醺的。眞是個可憐蟲，那個傢伙將來能有什麼出息？」

我很想跟那位婦人解釋我的狀況，可是我半句話也說不出來，喉嚨好像打結一樣。等我好不容易恢復精神，她們早已經消失在街角。我只好慢慢走到勞工意外保險局。我踏上台階時，兩腳還軟弱無力。然而卡夫卡的聲音聽起來就像是一帖補藥，接著是一片寂靜，平息了我所有的悸動，一瞬間我的頭痛完全不見蹤影。

卡夫卡回到辦公室時，我跟他說我在翡冷翠廣場發生的事，最後說：「我應該衝到那個老女人面前，好好教訓她一頓！可是我一句話也說不出來。我眞是個可悲的懦夫。」

卡夫卡不以為然地搖搖頭。

「你別這麼說。你不知道沉默裡藏有多少力量。攻擊只是人們習慣用來對自己和世界掩飾弱點的偽裝和詭計，只有在忍耐裡，才有眞正恆久的力量。只有弱者才會鹵莽粗暴。但是他們通常也因而拋棄了自己所有的人性尊嚴。」

卡夫卡打開辦公桌的抽屜，抽出一本雜誌，擺在我跟前。那是創辦了四年的《樹幹》第二十一期。

接著他說：「第一頁有四首詩。其中一首特別動人。題目是『謙卑』（Pokora）。」

我拿起來唸：

我會越來越小——
直到我成了地球上最微小的。
清晨，在夏天的一片草地上，
我伸手輕撫最小的花朵，
將我的臉埋在它裡頭低語：
我的小孩啊，沒有鞋子和衣服，

天空將它的手撐在你身上
以一顆閃亮的露珠，
以免它的瓊宇倒塌。[15]

我輕聲說：「這才是詩啊。」

「是的，」卡夫卡跟著說：「以友誼和愛的語言爲外衣的眞理。我們每個人，無論是最不修邊幅的薊，或是最優雅的棕櫚樹，我們的頭上都支撐著蒼穹，以免我們世界的瓊宇倒塌了。我們應該不要理睬某些東西，這樣或許反而看得更清楚。你不要再想街上的那件事了。那個婦人只是搞錯了。從表面去看，她分不清楚什麼是印象，什麼是眞實。那是個缺陷。她是個可憐的婦人。她的感覺有問題。再小的東西，或許也會經常讓她撞得鼻青臉腫吧？」他輕拍我猶如紙鎮一般擱在雜誌上的手，微笑說：「從印象到知識的路，經常是崎嶇漫長的，許多人都只是疲憊虛弱的流浪者。當他們像撞牆似的踉踉蹌蹌地撞到我們，我們應該原諒他們。」

15《謙卑》出自捷克抒情詩人沃克（Jiri Wolker），一九二〇年九月五日刊登於文學週刊《樹幹》。

我曾經借一點錢給一個友人，後來我再也沒有錢借他了，他寫了一封很無禮的信給我，裡頭充滿汙言穢語，自以爲是的蠢貨、大笨牛和白癡，這些還只是裡頭比較溫和的稱號。

我把信拿給卡夫卡看，他用手指頭把信推到桌緣，彷彿那是個危險物品。

然後他說：

「罵人的話是很可怕的東西。在我眼裡，那封信就像濃煙彌漫、熏得人無法呼吸也睜不開眼睛的火場。每一句罵人的話，都會毀壞人類最偉大的發明，也就是語言。咒罵的人是在侮辱靈魂。那是在謀殺恩寵。不過犯罪者也都是那些不知道如何正確斟酌話語的人。因爲說話不外乎推敲和界定。而話語是生與死之間的判定。」

「你的話是什麼意思？」我問：「我應該給那個人一封律師函嗎？」

卡夫卡猛搖頭。

「不，爲什麼要這麼做呢？反正他不會把那樣的警告當一回事。就算他會吧，你別理會他就是了。遲早他信裡的那頭大笨牛會拿犄角狠狠頂他一頓。請鬼容易送鬼難，邪惡總是會回到它最初的源頭。」

我到辦公室找卡夫卡的時候，他正在研究里克蘭出版社（Reclam-Bücherei）的書目，看到我來，讓他很驚訝。

「我正沉醉在這些書名裡，」卡夫卡說：「書眞是個麻醉劑。」

我打開我的公事包，給他看裡頭的東西。

「我像不像呼麻的，先生？」

卡夫卡看得獃了。「哇，都是新書啊。」

我把公事包裡的東西都倒在他的辦公桌上。卡夫卡一本一本拿起來翻閱，有時候唸個幾段，然後把書還給我。

他瀏覽了所有書以後，問我說：「你打算讀完這些書？」

我點點頭。

卡夫卡噘起嘴脣。

「你花太多心思在這些朝菌夕蛄上。現代大部分的書都只是眼前鏡花水月的閃爍倒影，轉瞬即逝。你應該多讀一點老書。古典文學。歌德。古老的東西會外爍它們最內在的價值——恆久性。標新立異的東西本身總是曇花一現而已。今天看起來絢爛美麗，明天卻顯得很可笑。這就是文學的道路。」

「詩也是一樣嗎？」

「詩會改變生命。有時候是更糟糕的事。」

這時候有人敲門。我父親走了進來。

「我兒子又來打擾你了。」

卡夫卡笑說：「不會啊，我們正在討論惡魔和鬼魅呢。」

——

今天我好好回想起來，我必須承認，我對卡夫卡眞是太鹵莽放肆了：只要我有時間，我經常沒有通知他就跑到辦公室找他。儘管如此，他總是以親切的微笑張開雙手歡迎我。

我的確也會問：「我是否打擾你了。」但是卡夫卡會搖搖頭，或是若無其事地揮一揮手。

只有一回，他對我解釋說：

「因爲別人突來的拜訪就覺得受到打擾，那的確是怯懦的表現，是在逃避無法預知的東西。人們蜷縮在所謂的私人空間裡，因爲他們沒有宰制世界的力量。人們從驚奇逃遁到自我設限裡，那是一種撤退。存在本來就是與事物共在的，是一種對話。那是人們無法逃避的。只要你願意，你可以隨時來找我。」

卡夫卡注意到我的睡眠不足，我據實對他說：「我有太多感動了，讓我一直寫到天亮。」

卡夫卡將他如木雕般的蒲扇大手擺在桌面上，緩緩地說：「能讓內心的感動如此酣暢淋漓地流瀉出來，實在是莫大的幸福。」

「那就像酩酊大醉一樣，我自己到底寫了什麼，我到現在都還沒有讀過呢。」

「那當然。一個人所寫出來的東西，只是人生體驗的爐渣。」

我的朋友恩斯特．里德勒（Ernst Lederer）寫詩的時候，會用很特別的淺藍色墨水，寫在印有花紋的手抄紙上。[16]

我跟卡夫卡提到這件事。

他說：「那是正確的。每個魔法師都有他自己的儀式。好比說，海頓（Haydn）必

---

16 恩斯特．里德勒（Ernst Lederer, 1904- ）擅長抒情詩，其中若干詩作刊登於《青年猶大》。

須戴上華麗的假髮才會作曲。寫作也是一種降神儀式。」

——

亞弗烈．肯夫送我一本愛倫坡的《小說選》，是里克蘭出版社出版的合訂本，將三小冊輯爲一冊。我把幾個禮拜以來一直隨身攜帶的這本小書拿給卡夫卡看，他翻了幾頁，讀了內容，然後問我說：「你知道愛倫坡的生平嗎？」

「我所知道的，就只是肯夫告訴我的那些。聽說愛倫坡是個惡名昭彰的酒鬼。」

卡夫卡蹙眉。

「愛倫坡有病。他是個可憐人，完全無法抵抗世界。因此他逃遁到醉鄉。幻想對他而言只是一根拐杖。他寫了許多陰森恐怖的故事，好讓自己更熟悉這個世界。[17]那是很理所當然的事。在幻想裡的陷阱沒有現實世界裡那麼多。」

「你對愛倫坡涉獵很深是嗎？」

「沒有。我對他的作品所知甚少。但是我知道他的逃亡路線，我知道他的夢境。那個夢境其實到處都一樣。好比說，從這本書裡就看得到它。」

卡夫卡打開辦公桌中間的抽屜，遞給我一本藍灰色布面的精裝書：史蒂文生（Robert Louis Stevenson）的《金銀島》。

「史蒂文生患有肺結核，」卡夫卡說，我隨意翻開書名頁，讀了幾頁內容。「於是他搬家到南海，住在一座小島上。但是他對小島的一切視而不見。對他而言，他所住的世界只是小孩子的海盜夢想的舞台，幻想的跳板。」

「從第一眼看來，」我對著被我擺在桌上的那本書點點頭說：「他倒是描寫了不少海洋、人物和南海的熱帶植物。」

「是的，這方面他描寫得眞的很仔細。」

「這麼說，他的書裡也藏著一點現實。」

「那當然，」卡夫卡回答說：「在夢裡，總有許多沒有加工過的生活經驗。」

「也許吧，」我遲疑地說：「在夢裡，人們總是試圖補償對於那些經驗的虧欠。」

「是啊，的確如此，」卡夫卡點頭說：「現實是最強大的力量，它能夠形塑世界和人類。那個力量有其作用，正因爲如此，它也有現實性。人們是無法逃避它的。夢只是一個迂迴途徑，人們終究會回到身邊的經驗世界。史蒂文生回到他的南海小島，而我……」他頓了頓。

「而你，」我接著他的話說：「你回到這個辦公室，以及舊城廣場的住處。」

---

17 譯注：「陰森恐怖」（unheimlich）、「熟悉」（heimisch）的字根都是「家鄉」的意思。

「是的，你說的沒錯，」卡夫卡低聲說。

他突然流露出抑鬱哀傷的表情，我不禁滿懷歉意，囁嚅地說：「很抱歉，先生，請原諒我的放肆。我太多嘴了。這是我的缺點。」

「正好相反，」卡夫卡說：「那是一種力量。你總是能夠比別人更早一步把你的想法濃縮成語言。你沒什麼好抱歉的。」

我不以爲然地說：「不，我說話太不得體了。」

卡夫卡把手抬到肩膀高，又頹然垂下，漾著迷人的笑容說：「那沒什麼。你本來就不屬於任何人。[18]你不屬於墨守成規的世界。我們回到史蒂文生的南海吧，你的語言是一把新發於硎的鋒利開山刀。你要小心，不要砍偏了而傷到自己。對於生命那是僅次於謀殺的可怕罪行。」

我和幾個男孩一起去上夏季游泳班，冬天則去溜冰場，其中有個叫作李奧·威斯科夫（Leo Weisskopf）的男孩，戴著眼鏡，淡黃色頭髮，身材瘦削，有一張圓潤而娘娘腔的臉。他的父親在彼得廣場開了一家公司，經營化學原料批發生意。因此李奧他們家算是「上層」中產階級。他總是穿著整齊得體而不浮誇。他的行爲舉止也和他的服裝頗

爲相稱。他總是不多話而且非常客氣。他雖然不會掃大家的興，但是和人相處時也說不上特別熱絡。他的存在就像是弱音器一樣若有似無。我的朋友里德勒說他是個虛僞的傢伙。

他說：「他表現得親切隨和，只是爲了逃避我們。他在躲我們。」

「他爲什麼要那麼做呢？」我問。

我的朋友聳聳肩。「這我就不知道了。我只是有這種感覺。」

「那是因爲你討厭他吧，」我說：「就是這麼一回事。」

「話是沒錯啦，」里德勒承認。「我的厭惡完全是憑感覺的。李奧和我們完全不同。他和我們之間有一種很陰暗的、難以言喻的東西。也許他有酒癮。也許他染上不爲人知的惡習。」

我反脣相譏說：「也許你是個白癡。」

但是一向很容易發火的他，卻平靜地說：「你和我，我們兩個當中一定有個是白癡。就讓時間去證明吧。」

我們關於李奧·威斯科夫的討論就此打住。

18 譯注：「不得體」原文是「ungehörig」，卡夫卡把它拆開為「un-gehörig」，就成了「不屬於」。

兩天後，我忘記是打哪裡聽來的，我們聽說李奧死了。死於自殺。用氫化鉀。據說他愛上一個年紀比他大很多的有夫之婦。那到底是不是他自殺的唯一動機，我們不得而知。里德勒則很懷疑這點。

我把這個故事告訴卡夫卡。他閉著眼睛聽我說。我說完了以後，他沉默了兩分鐘，然而睜開眼睛，望著天花板說：「這是一件相當撲朔迷離的事，一個人只有在戀愛以及生死關頭的時候，他才眞正了解自己。也許你的朋友對他所愛的女子很失望。也許她只是把他當作用過即丟的玩具。也許他認爲如果沒有他所愛的那個女子，他的生命就失去任何意義。也許他要以死證實他有多麼在乎她。也許在她拋棄他以後，他想要以死告訴她說，自我了斷是他唯一剩下的權利。你明白我的意思嗎？」

他瞇起眼睛憂心忡忡地凝視著我。

「我明白，」我說。

卡夫卡繼續說：「人們只能拋棄他們眞正擁有的東西。因此我們可以說，自殺是最荒謬的利己主義。自以爲擁有上帝的權柄的利己主義者，其實手裡根本沒有任何權柄，因爲這裡和力量一點關係也沒有。自殺者是因爲無能才走上絕路的。他已經山窮水盡，因而失去一切。因此他走上他所剩的最後一條路。那並不需要什麼力量。只要絕望，放棄所有希望，那就夠了。那一點風險也沒有。所謂的冒險，就是堅持下去，專注於生活，一日復一日假裝無所謂地隨波逐流。」

——

有好幾回，卡夫卡要我把我所說的那些「不諧音律的蹩腳作品」拿給他看看。於是我從我的日記裡搜尋合適的段落，輯成小品散文集，訂了書名叫作《心靈深處的片刻》（*Der abgrundtiefe Augenblick*），拿給卡夫卡看。

過了好幾個月，他準備要去塔贊斯克馬特列拉（Tatranské Matlyary）的療養院，才把手稿還給我。

那時候他對我說：「你的短篇故事充滿了動人的年輕氣息。與其說是描寫事件和對象，它們其實是訴說了事物在你心裡喚起的印象。那是抒情詩。你是在溫柔地摩娑這個世界，而不是在捕捉它。」

「這麼說，我所寫的東西一點價值都沒有嗎？」

卡夫卡抓住我的手。

「我沒有那麼說，這些小故事對你當然很有價值。寫下來的每個字都是個人的檔案。可是藝術……」

「可是那不是藝術，」我自嘲說。

「那『還』不是藝術，」卡夫卡語氣堅定地說：「這些印象和感覺的表現，只是怯生生地摸索世界。眼睛裡仍然有夢境的重重障翳，但是它們會隨著時間消失，而伸出去摸索的手或許會像是碰到了火一樣縮回來。或許你會大叫，結結巴巴地胡言亂語，或是緊咬著牙齒，眼睛睜得老大。然而，這些都只是文字。藝術一直是整個人格的事。正因爲如此，它基本上是悲劇的。」

我原本和卡夫卡約好到辦公室去找他。但是前一天我父親給了我一份柏林的《行動雜誌》（*Aktion*），裡頭夾了一張卡夫卡寫給我的紙條，說他下個禮拜才會進辦公室。後來我去看他時，他和我寒暄以後馬上問我說：

「你看得懂我的筆跡嗎？」

「沒問題啊，你的字體猶如一條很清楚的波浪線。」

卡夫卡的雙手疊放在桌面上，苦笑說：「那是一條落在地上的繩子的曲線。我的拼字活像是一個個繩結似的。」

我想要緩解卡夫卡溢於言表的沮喪心情，於是微笑說：「那麼它們就是打獵用的套索囉？」

卡夫卡默默點頭。

我繼續揶揄說：「你想用這些套索捉什麼？」

卡夫卡兩肩微聳回答說：「我不知道。或許我想到一個看不見的河畔，很早以前，我自身弱點的湍急河水曾經把我沖到那岸邊。」

卡夫卡給我看一份文學研究的問卷，我想是歐托．皮克爲《布拉格報》的週日文學副刊設計的。

他以食指指著一道題目：「對於你未來的文學計畫，你有什麼看法？」他笑說：「眞是愚蠢的問題。這根本沒辦法回答嘛。」

我茫然不解地望著他。

「人們可以預測下一刻心臟要怎麼跳動嗎？不，那是不可能的。筆是心的地震儀石筆。我們只能證實有地震，但沒辦法預測它。」

我到辦公室去找卡夫卡。我進去的時候，他剛好要離開。

「你要走了嗎？」

「只是離開一下子，我到樓上你父親的部門。你坐著等我一會兒。不會太久。或許你可以趁著空檔看看新雜誌。郵差昨天才送來的。」

那是柏林發行的一本相當具代表性的週刊創刊號，刊名叫作《馬西亞斯》（*Marsyas*），發行人是提奧多．塔格（Theodor Tagger）。[19]裡頭有一張新書夾頁廣告，其中有一本書是法蘭茲．威弗（Franz Werfel）的《理論散文》（*Theoretische Prosa*）。

他是卡夫卡的朋友，於是等卡夫卡回來以後，我就問他知不知道這件事。

「是啊，」卡夫卡淡淡地說：「威弗跟布羅德講過，說那本書其實是出版商杜撰的。」

「怎麼可以這樣？那不就是在說謊嗎？」

「那就是文學，」卡夫卡微笑說。「文學就是逃避現實。」

「詩也是謊言嗎？」

「不，詩是濃縮，是一種精華。而文學則是溶解，是一種嗜好物，紓解醉生夢死的生活，也可以說是一種麻醉劑。」

「那麼詩呢？」

「詩正好相反。詩會喚醒人們。」

「這麼說，詩比較像是宗教囉？」

「我不認爲如此。不過詩的確很像禱告。」

又有一次，我和卡夫卡相約去參觀位於青年廣場（**Jungmannplatz**）上的聖方濟教堂，就在入口旁邊的一幅祭壇畫前，我們看到一個老婦人正全心全意地禱告。我們離開教堂時，他對我說：

「詩和藝術都是非常熱情的意志行爲。人們想要超越且提升意志平常的種種可能性。藝術和禱告一樣，都是伸向黑暗的手，想要抓住一點什麼恩寵，將自己變成一隻能施與的手。禱告就是縱身投入那生死變異之間的變形彩虹，完全消融於其中，好將它無可比擬的光埋進自己生命的纖弱小搖籃裡。」

卡夫卡對於城裡各種建築的瞭若指掌，經常讓我嘖嘖稱奇。不只是宮殿和教堂，就

19 提奧多・塔格（Theodor Tagger, 1891-1958）筆名費迪南・布魯克納（Ferdinand Bruckner），於一九二三年在柏林建立文藝復興劇院，擔任劇院經理到一九二七年，一九三三年移民，一九三六年在美國，一九五一年在巴黎。

連市區裡最隱僻的穿堂房屋[20]，他都如數家珍。他知道那些建築的舊名，即使它們的標誌沒有掛在門口，而是擺在波里奇廣場（Poříč）的市立博物館裡。卡夫卡從老房子的外牆就可以解讀出城市的歷史。他帶著我穿過許多蜿蜒曲折的小巷，走進老式布拉格的漏斗狀小庭院，他稱爲「光的痰盂」（Lichtspucknäpfe）。我和他走過查理橋（Karlsbrücke）附近的巴洛克式門廳，經過一座巴掌大的庭院，裡頭有文藝復興時期的拱門，穿過一條陰暗狹窄的隧道以後，眼前豁然開朗，看到一座小庭院，中間有一家旅館，名字叫作「觀星者」（zu den Sternguckern, U hvezdáru），因爲克卜勒（Johannes Kepler）曾在此住過一陣子，而就在如洞穴一般的地窖裡，在一六〇九年，他創作了超越當時的科學成果的鉅作《新天文學》（*Astronomia Nova*）。

卡夫卡很喜歡他出生的城市裡的老巷子、宮殿、花園和教堂。他饒富興味地翻閱每一本介紹布拉格古蹟的書籍，那些書都是我帶去辦公室給他看的。他的眼睛和雙手小心翼翼地輕撫書頁，雖然早在我放在他的辦公桌上以前，他就都看過了。他流露出如心醉神迷的收藏家一般的神采。但是他和收藏家完全相反，對他而言，古物不是沉埋於歷史裡的收藏品，而是有延伸性的知識工具，是一座通往現在的橋樑。

卡夫卡讓我明白了這點，是在一次他和我從勞工意外保險局走到舊城廣場，駐足於泰因霍夫斜對面的雅各教堂（Jakobskirche）前。

「你知道這座教堂嗎？」卡夫卡問我。

「我知道，不過只是一點皮毛。我只知道它屬於隔壁方濟會的小兄弟會隱修院（Minoritenkloster），如此而已。」

「教堂裡掛在一條鏈子上的手，你一定見過吧。」

「是啊，看過好幾回了。」

「我們要不要一起去看看那隻手？」

「好啊。」

我們走進教堂，它的三開間中殿是布拉格最長的教堂空間。左側入口處旁邊，固定在拱頂的一長條鐵鏈，掛著一塊燻黑的骨頭，上頭覆著些許風乾的肌腱，形狀像是人的一小段手臂，看起來很悲慘。據說是在一四〇〇年或是三十年戰爭後，從一個小偷身上砍下來的，懸掛在教堂裡，以「永誌不忘」。

根據舊時的歷史記載，以及不斷地口耳相傳，這個殘忍的事件的始終本末如下：

教堂裡至今仍然有很多座偏祭台，其中一座偏祭台上，有一尊木雕的聖母像，身上掛著許多由金幣和銀幣串成的鏈子。一個被遣散的傭兵覬覦那些錢幣，躲在告解室裡等

---

20 譯注：指有小街從底下拱門穿過的房屋。

著教堂關門。然後他離開藏身處，走到祭台前，踏上教堂司事平常用來點祭台蠟燭的凳子，伸手想要拿雕像上的金飾。但是他的手不聽使喚。這個小偷生平第一遭進教堂，他以爲是雕像抓住他的手，想辦法要掙脫，卻動彈不得。第二天早上，司事發現他精疲力竭地坐在祭台前的凳子上，趕緊去通知神父。沒多久，大批到教堂禱告的群眾聚集在祭台前，聖母像仍然緊緊抓住那個驚魂未定的小偷的手。布拉格市長和城裡的官員都來了。司事和神父想辦法要把小偷的手從雕像扳開，卻徒勞無功。於是市長找來劊子手，他大刀一揮，就砍下小偷的手臂。「聖像終於放開小偷的手」。手臂掉在地上。小偷被縛，幾天後，以行竊教堂未遂的罪名判了好幾年的徒刑，刑期滿後，他成了小兄弟會的輔理修士。人們將小偷的手用鐵鏈掛在教堂裡的市議會議長休倫巴哈（Scholle von Schollenbach）的墓碑前面，在它旁邊的柱子上掛了一塊畫風很原始的木板畫，並且以拉丁文、德語和捷克語解釋這個事件。

卡夫卡興致盎然地仰望那乾枯的殘肢，看了一眼說明這個神蹟的木板，轉身走到出口。我尾隨在他後面。

「眞殘忍，」我走到外頭說。「聖母的神蹟應該只是小偷自己肌肉痙攣造成的吧？」

「但是他爲什麼會發作呢？」卡夫卡問。

我說：「也許是突然產生心理障礙。被覬覦聖母像金飾的貪婪掩蔽了的宗教情感，在行竊當中突然被喚醒了。那個情感的強烈程度超出小偷所預期的，因而使得他的手不聽使喚。」

「沒錯。」卡夫卡點點頭，一把抓住我的手臂。「對神的渴望、對於褻瀆神的羞恥感，以及人心本具的正義感，都是沛然莫可禦的力量，人們越是倒行逆施，它們越是奮起反抗。它們是道德的調節機制。所以說，一個罪犯總是得先壓抑這些力量，才能夠犯罪。因此，每個罪行都是始自心靈的自殘。但是意圖偷盜聖像的那個小偷失敗了，所以他的手就動彈不得。它被他自己的正義感癱瘓了。劊子手那一刀其實不像你說的那麼殘忍。相反的，驚嚇和痛楚讓那個人得救。劊子手對他的身體的斲傷取代了心靈的自殘，那個本來連個木偶都不會偷的可憐失業傭兵，這才免於自己的良知的痙攣，而得以重新做人。」

我們默默地繼續散步，在泰因霍夫和舊城廣場之間的一條窄巷裡，卡夫卡驀地停下腳步，問我說：

「你在想什麼？」

「我在想，雅各教堂的那個小偷的故事，現在還有可能發生嗎？」我坦率地回答，疑惑地注視著卡夫卡。他只是蹙眉不語。走了兩三步以後，他說：「我想……幾乎不可能吧。對神的渴望以及對於罪的恐懼，在今天已經蕩然無存了。我們沉陷在驕矜自大的泥淖裡。戰爭就是它的證明，多年來，戰爭的集體泯滅人性已經痲痺了人的道德力量，甚至痲痺了他們自己！我想現在到教堂行搶的人再也不會手腳痙攣了。如果眞的發生這種事，人們應該不會砍斷他的手，而只會截斷他那食古不化的道德幻想吧。他們大概會把他送進精神療養院，然後分析診斷他那不合時宜的道德衝動如何表現爲歇斯底里的痙攣現象。」

我輕蔑地笑說：「教堂大盜這會兒成了潛藏的伊底帕斯情結的患者。他不就是想偷走神的母親嗎？」

「當然，」卡夫卡點頭說：「現在既沒有罪，也沒有對神的渴望。一切都是俗世的，而且一味地唯利是圖。神在我們的生活的彼岸。所以說，我們都活在普遍的良知痲痺裡。表面上，一切超越性的衝突都消失了，但是所有人都像雅各教堂裡的木頭聖像那樣保護自己。我們動也不動，只是站在那裡。不僅如此！我們大多數人被恐懼的糞土黏在廉價的原則搖擺不定的椅子上。那就是我們的生活習慣。以我爲例，我坐在辦公室裡，漫不經心地翻閱卷宗，用嚴肅的表情掩飾我對整個勞工意外保險局的厭惡。然後你來看我。我們談天說地，穿過喧鬧的街道，走到幽靜的雅各教堂，仰望那隻被砍下來的手臂，談論我們時代的道德痙攣，接著我到我父母親的店裡吃飯，寫幾封客氣的催討信給欠錢不還的債務人。就這樣，什麼事也沒有。世界風平浪靜。我們就像教堂裡的木頭人物一樣動也不動。可是我們沒有了祭台。」他輕輕拍我的肩膀。「再見。」

———

卡夫卡和我穿過策特納街（Zeltnergasse）到舊城廣場，遠遠就聽到群眾的鼓譟和歌聲；到了「白孔雀」飯店前面，我們被移動緩慢的示威群眾擠到牆邊。

「這就是社會主義國際的力量，」我微笑說，不過卡夫卡的臉色很難看。

「你耳朵聾了嗎？你沒聽見他們唱的是什麼嗎？他們唱的正是舊奧地利的愛國歌曲。」

我反駁說：「那麼那些紅旗代表什麼？」

「那有什麼！那只是舊時的熱情的新包裝，」卡夫卡說。他抓著我的手，拉著我走進後面的一間房子，穿過陰暗的中庭和一條很短的走廊，經過粉刷成白色的台階，穿過狹窄的根姆森巷（Gemsengäßchen）以及艾森街（Eisengasse），來到寬闊的里特街（Rittergasse），就再也聽不到遊行隊伍的聲音了。

「真受不了街頭喧鬧的暴動，」卡夫卡吁了一口氣。「那些暴動裡有的是新的、和神無關的宗教戰爭，一開始是旗幟、歌曲和音樂，而以搶劫和流血衝突收尾。」

我不以為然地說：「才不是呢！現在布拉格每天都有遊行，而且都和平進行。只有在肉舖的黑香腸裡才看得到血吧。」

「那是因為這裡的情勢變化比較緩慢。不過沒有用的，流血衝突遲早會發生。」卡夫卡的手舉高揮了兩下，以表示他的憂慮，接著繼續說：「我們活在邪僻橫行的時代裡。從什麼事都掛羊頭賣狗肉，就看得出這點。他們嘴裡講國際主義，意思是指人性，也就是一種道德價值，然而『國際主義』只是個地理學用語。各種概念就像是去了核的空心核桃殼一樣，被人們當作遁辭。好比說，現在我們談到的『家鄉』，也是如此，因為人類的根早就從泥土裡被拔出來了。」

「那是誰幹的？」我問。

「我們所有人！我們每個人都是除根的共犯。」

「但是總有個人是推動的力量吧？」我不服氣地說。「那會是誰？你覺得是誰呢？」

「誰都不是！我不去想誰是推動者，誰是被推動者。我只看事件本身。個人完全無關緊要。而且，如果說劇評人和演員一起站在舞台上，他怎麼能夠正確地評判他們的演出呢？他沒有足夠的距離，因此什麼事都看不清楚，什麼事都搖擺不定。我們生活在充滿著讓人分裂的謊言和幻象的沼澤裡，每天發生駭人聽聞的暴行，而新聞記者以客觀報導一笑置之，卻沒有注意到那些暴行將數百萬人如螻蟻一般地踐踏蹂躪。」我聽了一句話都說不出來。

我們默默穿過梅蘭崔奇街（Melantrichgasse），行經市議會大鐘，到了卡夫卡位於舊城廣場和巴黎街轉角的住處。

我們在胡斯紀念碑附近時，卡夫卡說：「大家都打著錯誤的旗幟到處招搖，沒有一句話是眞的。好比說，現在我要回家。但那只是表面上如此。其實我只是爬進爲我特別打造的牢房，而且更加堅固，因爲它看起來就像是一般中產階級的住宅，除了我，沒有人知道那是一座監獄。因此所有逃亡的想法都幻滅了。如果根本沒有看得見的枷鎖，我們根本無從掙脫。所以說，那樣的監禁是由一種完全習以爲常的、無比舒適的日常生活構成的。一切似乎是由堅固的材料打造的，而且經久耐用。然而，它其實是一座電梯，我們搭乘它墮入深淵。我們看不見它。但是我們一閉上眼睛，就會聽到它的隆隆呼嘯聲。」

我給卡夫卡看一齣以聖經爲題材的戲劇大綱。

「你接下來要怎麼做？」他問。

「我不知道。我很喜歡這個主題，至於怎麼改編……對我來說，現在大綱的擬定似乎只是剪剪貼貼的工作。」

卡夫卡把手稿還給我。

「你說得很對。只有生下來的東西才能活下去。其他一切都是空談，只是毫無存在理由的文學。」

我帶了一本捷克語的法國宗教詩選給卡夫卡。[21]

卡夫卡拿起這本小書，翻了一會兒，然後隔著桌子小心翼翼地遞還給我。

「這類文學是矯揉造作的餘興作品，我不是很喜歡。宗教在裡頭不斷地被蒸餾成美學。爲生命賦與意義的途徑成了一種興奮劑，變成一種賣弄炫耀的觀賞品，打比方說，昂貴的窗簾、繪畫、精雕細琢的傢俱，或是眞正的波斯地毯。這類文學裡的宗教只是在擺紳士派頭罷了。」

「你說的沒錯，」我附和他說：「由於戰爭的緣故，信仰的領域也出現了替代品。就是這類文學。詩人用宗教思想打扮自己，猶如穿戴一條色彩鮮豔的時髦領帶。」

卡夫卡微笑點頭說：「然而那只是一條很普通的領帶。如果人們把超越者當作逃避現實的方法，那種事就會屢見不鮮。」

在我收藏的《鄉村醫師》的第四頁黃色蝴蝶頁上，寫著一句話：「文學致力於將事物擺在舒適怡人的燈光下。但是詩人被迫將事物舉揚到眞理、純粹和恆久的領域。文學貪圖因循泄沓的安逸，詩卻是幸福的追尋者，而幸福和安逸完全是兩回事。」

我不知道這段話是卡夫卡說的，還是我對我們兩人談話所作的大致記載。

我同學里德勒送我一本表現主義詩選《人類的曙光：當代詩的交響曲》（*Menschheits-dämmerung: Symphonie jüngster Dichtung*）。

我父親經常會注意我在看什麼書，他說：「這不是詩。這是一塊語言的煎肉餅。」

我不以爲然地說：「你太誇張了。新詩本來就是要使用新語言。」

---

21 這本書是不定期發行的文摘雜誌《新與舊》（*Nova et Vetera*）其中一卷，由佛羅里安（Josef Florian）在史塔拉里瑟鎮（Stará Rîse, Altreusch bei Iglau）發行。卡夫卡的第一張木刻版畫（Votlucka）以及《蛻變》最早的捷克語翻譯，也都在該雜誌發表。

「這話是沒錯，」我父親點頭說：「每年春天都會長出新綠的草。但是這棵草很難消化。它是語言的鐵絲網。好吧，我會再看看這本書。」[22]

過了幾天，我到勞工意外保險局二樓的辦公室找我父親，順便去看看卡夫卡，他跟我打了招呼以後，便把那本表現主義詩集擺在我面前，語帶責備地說：「你爲什麼拿這本書嚇你父親呢？你父親是個正直誠實的人，有許多寶貴的人生閱歷，可是他對這種語言邏輯混亂的遊戲之作不會有興趣的。」

「你也覺得這本書很糟糕？」

「我可沒這麼說。」

「它是虛張聲勢的文字拼盤？」

「不，正好相反，這本書讓人瞠目結舌地見證了什麼叫作解體。在那裡頭，語言再也不是溝通的媒介。每個作者只是自說自話，彷彿語言只屬於他們自己。但是語言只是暫時借給我們活著的人。我們只有使用權。其實它們是屬於逝世的人們以及尚未出生的人們，我們在佔有它們的時候，要謹愼對待它們。這本書的作者忘記了這件事。他們是語言的破壞者。那是很嚴重的罪行。斲傷語言總是會造成感覺和大腦的傷害，讓世界掉進黑暗的冰河期。」

「但是他們在創作時都有著熾熱的感情，不是嗎？」

「只是在文字上罷了。那是一種自我暗示。」[23]

「那麼他們就是在欺騙，」我脫口說：「他們只是惺惺作態。」

「那又如何？那有什麼好大驚小怪的？」他的臉上露出雜揉著憐憫、寬容和諒解的迷人表情。「有多少不義是以正義之名犯下的？有多少蒙昧是在啟蒙的大纛下招搖過市的？衰敗不是經常戴著繁榮的面具嗎？現在我們可都看在眼裡。戰爭不僅焚毀且撕裂了世界，它更照亮了世界。我們看到它其實是人類自己建造的迷宮，一個冰冷的機器世界，它的舒適和表面上的效益，正一步一步地剝奪我們的權力，羞辱我們。從你父親借我的這本書裡，你可以看得很清楚。那些詩人像凍僵的孩子一樣用抒情詩哭訴，像發狂的拜物教徒一樣用讚美詩尖聲怪叫，他們越是扭曲他們的語言和肢體，越是不相信他們跳舞膜拜的偶像。」

我的朋友亞弗烈·肯夫從阿特沙多到布拉格來準備繼續求學，我和他一起到布拉格

22 指一本很有名的表現主義詩選：Kurt Pinthus, *Menschheitsdämmerung. Symphonie jüngster Dichtung*. Berlin: Ernst Rowohlt, 1919。

23 庫伊（Emile Coué, 1857-1926），法國藥劑師和醫師，他以自我暗示（Couéismus）為基礎醫療方法在一九二〇年代盛行一時。

的大街小巷、皇宮、博物館和教堂逛逛，讓他認識一下我喜歡的這座城市。在散步當中，亞弗烈語出驚人地解釋說：「所有璀璨奪目的哥德式和巴洛克式的裝飾和圖案，其實只有一個意義：它們要掩飾各種事物的實用性和功能性。它們要人們忘記功能性的事物，以及他自己和自然以及世界的關係。和利益沒什麼關係的美，則暗示一種自由的感覺。雕樑畫棟的裝飾藝術文化，是一種馴獸方法，藉此讓文明的人類背棄潛藏在他心裡的人猿。」亞弗烈的話讓我印象深刻。我暗地裡把他的話抄下來，一字不差地跟卡夫卡說，他眼睛半閉聽我說。那時候我不知道他很早以前就寫了短篇小說《給學院的報告》（*Bericht für eine Akademie*），在裡頭使用了人猿「變成人」的故事，因此我對他所說的話相當失望。他說：「你的朋友說的沒錯。文明世界大抵上是奠基於馴化的成果。那就是文化的意義。以達爾文主義的角度去看，人類的演化是猴子的原罪。但是一個生命不可能脫離那構成它的存在基礎的東西。」我微笑說：「我們畢竟還剩下一點猴子尾巴。」

「是的，」卡夫卡點頭。「人類對於他的自我總是束手無策。他們強烈渴望和以前的過渡狀態劃清界線，因而在概念上誇大其辭，也因此要用更多的謊言來圓謊。然而，這也正是對於眞理的渴望最顯著的表現。人類發現自己置身於悲劇的鏡子裡。但是就算那樣，一切也都已經塵埃落定了。」

「猴子要死了！」我插嘴說。

卡夫卡露出難以形容的溫柔微笑，搖頭表示不以爲然。

「怎麼會呢？死亡是人類才會遇到的事。所以人皆有死。而猴子會繼續活在人類整個物種裡。自我只不過是一座過去的牢籠，以對於未來的種種恆久的夢想纏繞著它的柵欄。」

卡夫卡探望住在鄉下的姊夫回來，我特地去問候他。「我們終於到家了。」

卡夫卡露出憂鬱的微笑。

「回家？我一直跟父母親住啊。就是這樣。雖然我有自己的小房間，但那算不上是家鄉，只是個避難所，在那裡，我可以隱藏我內心的擾動，卻是越陷越深。」

晌午時分，在卡夫卡家裡。

他站在緊閉的窗前，用手撐著窗框。他身旁兩步遠的地方，站著S，一個基層職員，有著目光遲鈍的眼睛、滑稽的大鼻子、紅潤鼓起的臉頰、蓬亂的紅鬍子。我進去的時候，S正擔心地說：「你不知道我們部門會怎麼改組嗎？」

「我不知道，」卡夫卡說，點頭和我打招呼，指著桌旁一張「訪客椅」，繼續說：「我只知道改組會天翻地覆。不過你別擔心。你不會因此升官或降職。到頭來一切都會盡復舊觀。」

那個職員大聲嚷嚷說：「先生，你覺得我的績效表現又要被忽視了？」

「是啊，可想而知。」卡夫卡坐下來。「不過董事會從來不會貶低自己的重要性！不會有這回事。」

S漲紅了臉。「眞是無恥！太不公平了。我們應該把這整個地方轟掉！」

卡夫卡聽了以後弓起背，抬頭憂心悄悄地看著S，輕聲說：「你不想把自己薪水的源頭夷爲平地吧？你眞的要嗎？」

「喔不，」S道歉說：「我不是這個意思。你知道我這個人的，先生。我是個完全無害的人，可是這次的改組一直讓大家人心惶惶，我也不由得大動肝火。我必須發洩一下怒氣。剛才我只是嘴巴上說說……」

可是卡夫卡打斷他的話說：「這就是危險的地方。話語是未來的犯行的開路先鋒，是未來的大火災的起火點！」

「我不想有這樣的結果，」那職員惶恐地聲明。

「你可以這麼說，」卡夫卡微笑說：「但是你知道事物的本來面目嗎？也許我們都坐在火藥桶上，你的願望就要成眞了。」

「我無法相信。」

「爲什麼不呢？你看看窗外。外頭早已埋了炸藥，準備把我們的保險局和其他機構都轟上天。」

那職員用粗短的手指頭撫摸下巴。「你說得太誇張了，先生。街上哪裡有什麼危險。我們國家還很強大。」

「沒錯，」卡夫卡說：「它的力量奠基於人民的惰性和對於穩定的需求。但是如果我們再也無法滿足他們，那該怎麼辦？你今天的謾罵可能變成人們口誅筆伐的普遍範例，因爲話語是一種魔咒。它會在大腦裡留下指紋，它在反掌之間就會變成歷史的足跡。人要小心每一句話。」

「是啊，你說的沒錯，先生。的確如此。」S不知所措地說，接著就告辭了。

門關上以後，我哈哈大笑。

卡夫卡用銳利的眼神看著我。

「你爲什麼笑呢？」

「那個可憐的傢伙太搞笑了。他根本聽不懂你的話。」

「當一個人不了解另一個人，他不是搞笑，而是被隔絕、可憐、孤單。」

我試著爲自己辯解：「你是在開玩笑的吧！」可是卡夫卡緩緩搖頭。

「不，我跟S說的，都是認眞的。現在改組的惡夢在全世界作祟。什麼事都可能發生，你明白嗎？」

「是的，」我輕聲說，感覺到熱血往臉上衝。「我太遲鈍愚蠢了，對不起。」

卡夫卡仰頭噗哧笑了出來。接著他安慰我說：「用你的話說，現在你眞的很搞笑。」我懊悔地低頭望著地面。「是啊，我是一隻可憐的狗。」我站起身來。

「你幹什麼？坐下！」他猛然拉開抽屜。「今天我有一整疊雜誌要給你。」他笑著說，我覺得更加慚愧。不過我還是坐了下來。

又有兩次，我看到不同的職員來找卡夫卡，想要探探他對改組的看法。不過卡夫卡只是無可無不可。他心情很沉重，因爲他們覺得他沒有站在同事這一邊，而是勞工意外保險局搖尾乞憐的雜役。於是有人開始對卡夫卡律師說些閒言閒語；尤其是我一個同學的父親M，有一次我在卡夫卡的辦公室遇到他。

「好啊，」他冷淡的聲音裡閃爍著隱藏的恨意，「你保持沉默。那是當然的事。一個保險局的法律顧問本來就不該扯後腿。他應該閉嘴。先生，很抱歉我講話太直接了一點，打擾你了。」

M鞠躬離開。

卡夫卡神色木然，緊閉著眼睛。

「眞是個粗魯的鄉巴佬，」我憤憤不平地說。

「他不是粗魯，」卡夫卡悄聲說，以黯淡憂鬱的眼神望著我。「他只是害怕，才會說些對我不公平的話。因爲害怕丟了飯碗，才會讓他性格大變。這就是生活。」

我嘟囔說：「敬謝不敏。過這種生活眞是丟臉。」

「其實，大多數人沒有眞正生活過，」卡夫卡的聲音出奇地平靜。「就像珊瑚蟲攀附著礁石，他們也是在攀附著生活。可是人類的生活比這些原始生物更可憐。他們沒有不畏潮浪的堅固岩礁。他們也沒有自己的石灰殼。他們只是不斷嘔出有腐蝕性的膽汁，讓他們越來越衰弱而孤獨，也使得他們彼此孤立。但是人們又能怎樣呢？」

卡夫卡張開手臂，就像一雙癱瘓的翅膀一樣，無助地垂下來。

「我們要向大海抗議它創造了這麼不完美的生物嗎？那麼做只是在向自己的生命抗議，因爲人們和可憐的珊瑚蟲沒什麼兩樣。人們只能盡力忍耐，將湧到喉頭的膽汁無言地嚥下去。這就是人們唯一能做的，免得讓人類以及自己蒙羞。」

法務部的主管辦公室窗邊，併排著兩張簡單的黑色辦公桌。左邊靠近門口的那張桌子是卡夫卡的。坐在他對面的是特列莫先生，他長得很像前奧匈帝國外交部長貝爾許托伯爵（Leopold Grafen Berchtold）。卡夫卡的這位同事對此非常自負。他甚至刻意蓄著相同樣式的鬍鬚、頭髮，穿著立領衫配寬領結，別著金針，還有帶鈕扣的背心，以優越而紆尊降貴的語氣說話。所以勞工意外保險局裡的職員都不喜歡他。他們私下叫他作「窮途潦倒的伯爵律師」。我父親說，這個綽號是一個叫作莒特林（Alois Gütling）的先生取的。就我記憶所及，那位先生是個矮小瘦弱、衣著優雅的職員，有一頭整齊的黑髮。

莒特林會寫詩，而且如果我沒記錯的話，他也寫戲劇，不過從來沒有上演過，他很崇拜華格納（Richard Wagner），他說他很喜歡古德語的頭韻詩，而且他很受不了特列莫，因爲特列莫曾經大剌剌地批評莒特林自費出版的「如烈焰高張的火牆一般」的文學作品，說那是「平庸的詩作」，「盡是胡扯一些傳統古日耳曼庸俗的理想主義」。

除了和貝爾許托伯爵長得很像，特列莫也對他鮮明的中產主義唯物論的世界觀相當自鳴得意。我經常看到他的桌上擺著海克爾（Ernst Haekel）[24]、達爾文、波爾許（Wilhelm Bölsche）[25]和馬赫（Ernst Mach）的書。有一次我去拜訪卡夫卡時，看到莒特林手裡拿著一本黑皮精裝書，書背印著燙金的書名。

「達爾文《物種起源》，」他嘆了一口氣。

「唉，伯爵先生在猴子群裡找尋我們的祖先。」莒特林向卡夫卡眨眼睛，想要博得他的認同。可是卡夫卡不住地搖頭，語氣平淡地說：「我想那已經不合時宜了。現在的問題不在於祖先，而在於後代。」

「怎麼說？」莒特林把書放回桌上。「特列莫是個單身漢，不是嗎？」

「我說的不是特列莫，而是整個人類家族。」卡夫卡那瘦骨嶙峋的手指交叉在胸前。「再這樣下去，沒有多久世界就只剩下大量生產的機械人。」

莒特林笑說：「你太誇張了，先生。那是個烏托邦。」他的眼光無助地在卡夫卡和我之間游移了好一會兒。然後他盯著卡夫卡的鼻梁說：「那聽起來就像你的《蛻變》一樣。我很明白這種東西。我自己也是個詩人。」

卡夫卡點點頭：「是啊，你是詩人。」

莒特林趕緊揮舞雙手辯解說：「兼職作家而已啦！我的正職只是一個微不足道的職

---

24 譯注：恩斯特．海克爾（Ernst Haekel, 1834-1919），德國生物學家，曾經命名了數千個新物種，在德國提倡達爾文學說甚力。

25 譯注：威廉．波爾許（Wilhelm Bölsche, 1861-1939），德國作家，曾經自費出版關於達爾文和海克爾學說的作品。

員。正因為如此，我得先走了。」

他起身告辭。

他離開了以後——至今我仍然記憶猶新——我既憂心又失望地問：「你眞的認為他是個詩人嗎？」

卡夫卡的眼神裡閃爍著綠色的微弱火花。他給我一個會心的微笑：「是啊，字面上說是沒錯，他是個詩人，是個很緊密的人。」[26]

我微笑說：「所以說是『腦袋不靈光』囉？」[27]

卡夫卡舉起雙手否認，彷彿要把我的訕笑推回來，語氣裡略帶抗議地說：「我可沒那麼說！他密不透風。現實世界無法穿透他。他讓自己完全與世隔絕。」

「他用什麼辦法呢？」

「用各種陳腔濫調的語詞和觀念的廢話，它們比厚重的盔甲還要堅固。人類躲在它們後面，逃避時間的遷流變易。所以說，語言是邪惡最堅固的堡壘。它是所有激情和蒙昧最耐久的防腐劑。」

卡夫卡整理好桌上的文件。我默默望著他，方才聽到的話仍然縈繞耳際，手指頭不由自主地輕撫著莒特林在我進辦公室時拿在手裡的書。

卡夫卡見狀便說：「這本書是特列莫的。麻煩你放在他桌上。如果他發現他的書不在桌上，他會很生氣的。」

我照著他的話做。接著我問他說：「他眞的對這些東西有興趣嗎？」

「是啊，」卡夫卡點頭說：「他學過自然史、生物和化學。他鑽研生物最微小的機制，以理解生命的意義結構。但那當然是一條冤枉路。」

「爲什麼呢？」

「因爲用這種方式找到的意義，只是微不足道的倒影。它是水滴裡的天空，只要我們輕輕攪拌一下，那個影像就會模糊不清。」

「那麼先生，你是說我們永遠找不到眞理？」

卡夫卡不發一語。他的眼睛瞇成一條線，黯淡無光，突出的喉結在皮膚底下上下滑動。他看了一會兒撐在桌面上的指尖，然後輕聲地說：「上帝、生命、眞理，只是同一件事的不同名字。」

我索性打破砂鍋問到底：「我們能夠抓住它們嗎？」

「我們只能去體會它們，」卡夫卡的聲音微微顫抖。「我們賦與不同名字並且嘗試以各種思考架構去掌握的那個事物，在我們的血管、神經和感官裡到處流動。它就在我

26 譯注：詩人，「Dichter」，緊密的人，「dichter Mensch」，字面上是一樣的。
27 譯注：是個雙關語，「vernagelt」意為固執、笨拙，而動詞「vernageln」是「釘牢」的意思。

們裡面。或許正因爲如此，我們才看不清楚。我們眞正能掌握到的，是那個奧祕，那個黑暗。上帝就住在那裡頭。那也好，因爲如果沒有那個黑暗的保護，我們可能會打敗上帝。那或許就正好符合人類的本性。兒子廢黜了父親的王位。所以上帝必須隱藏在黑暗裡。而由於人類無法深入祂的領域，只好攻擊包覆著祂的黑暗。人類向冰冷的黑夜投擲火炬。但是黑夜宛如橡皮糖一樣延展，它不斷地撤退，無窮無盡。那倏忽生滅的，只有人類心靈的黑暗——水滴上的光影。」

我和卡夫卡在碼頭上。高架鐵軌上停了幾節載得滿滿的煤車。

我跟他提到，在大戰的最後一年，當時我所住的卡洛林塔區，街上的孩子到齊茲卡山（Zizkaberg）去郊遊，他們在蜿蜒曲折的上坡路，跳上緩慢行駛的貨車，從敞開的車箱上把煤塊丟下來，然後撿起來，用隨身攜帶的袋子背回家。在途中，我的一個同學——卡雷爾．班達（Karel Benda），他有點斜視，母親是個辛苦幹活的女傭——被車輪輾過去，壓得血肉模糊。

卡夫卡問：「你目擊到那個意外嗎？」

「沒有，我是聽那些孩子說的。」

「你沒有跟那些孩子一起去郊遊撿煤塊？」

「有啊，我和那些孩子所謂的煤炭幫一起去了好幾回。不過我只是旁觀者。我沒有偷煤塊。我們家裡不缺煤。我和他們一起去齊茲卡山時，我通常只是躲在草叢或大樹後面，遠遠地看他們幹那檔子事，還滿刺激的。」

「爲了取暖而奮戰到底，否則就活不下去，那的確是很刺激的事。」卡夫卡強調我剛才說的那個形容詞。「那是攸關生死的抉擇。人們不能只是袖手旁觀。因爲他不會有草叢或大樹的保護。生活和齊茲卡山不一樣，因爲任何人都可能失足在車輪下。弱者和窮人可能比有足夠溫暖的強者和富人早一些。弱者甚至經常在被車輪輾過以前就垮掉了。」

我點頭說：「的確。有幾次，小班達和我一起躲在草叢裡，眼淚簌簌流下。他很害怕。他不想偷煤塊。他會那麼做，只是因爲如果他空手而回，其他男孩會嘲笑他，他母親也會拿雞毛撢子揍他。」

「這就是了，」卡夫卡兩手一攤說：「你的同學，小卡雷爾，不是被貨車輾死的，而是他的環境長久以來的殘酷無情。一步步走向災難的過程，比災難的結局更可怕。我們根本沒有其他選擇！像他一樣冒冒失失地跳上行駛中的火車，那樣的暴虎馮河是不會有什麼好結果的。你撿了幾塊煤炭，沒多久就燒光了。然後還是得在寒風中顫抖。你下一次跳躍所需的力氣會越來越小。失足的危險會越來越大。那還不如去行乞算了。或許會有人丟幾塊煤炭給我們……」

「是啊，沒錯！」我插嘴說。「後來煤炭幫眞的去乞討了。那些孩子們站在鐵軌旁邊向鐵路工人乞討煤塊。鐵路工人通常會丟幾塊煤炭給他們。只有施捨煤炭的鐵路工人不在的時候，他們才會跳上火車。」

卡夫卡再次點頭說：「的確如此。只有當完全沒希望得到禮物，無助地站在那裡時，孩子們才會冒險跳上火車。我幾乎可以看見他們如何絕望地失足車輪下。」

我們默默地往前走。卡夫卡望了一會兒越來越黑暗的河水，接著就聊起其他事情。

有一次晚餐後，我跟父親提到和卡夫卡午後散步的事，他說：「卡夫卡是寬容和仁慈的化身。我幾乎不記得他在辦公室跟別人有任何衝突。話說回來，他雖然很隨和，卻從來不會怯懦或鄉愿。相反的，卡夫卡之所以和藹可親，是因爲他不自覺地平等對待每個人，他的態度總是非常認眞、公正，而且會爲別人著想。大家跟他說話時都會順著他，萬一意見不合時，他們寧可保持沉默，也不想和他起衝突。那種情形經常發生，因爲卡夫卡總是會提出與眾不同而且違反常理的看法。勞工意外保險局裡的同事不是很了

解他，卻都很喜歡他。在他們眼裡，他是個特立獨行的聖人。保險局外也有許多人這麼認爲。不久前才有一個在工地被起重機壓斷左腿的老工人跟我說：『他不是個律師，他是聖人。』那個臨時工只拿到一點點理賠。於是他對我們提告，可是他的訴訟程序不對。如果不是在最後關頭有個布拉格的知名律師去拜訪那個臨時工，他肯定敗訴。那位律師不收那個殘廢的老頭半毛錢，很專業地替那個臨時工重擬訴狀，讓那個可憐的窮光蛋勝訴。後來我聽說，那個律師是卡夫卡出錢委託的，讓身爲勞工意外保險局法律代表的卡夫卡，得以名正言順地輸掉跟老工人的官司。」

我聽得心醉神馳，可是父親的臉色顯得憂心忡忡。

他說：「那不是卡夫卡第一次那麼做。同事間早就議論紛紛。有的人對他讚不絕口，有的人則說他是個差勁的律師。」

「那麼你怎麼說呢？」我打斷父親的話說：「在這件事情上面，你對他的態度是什麼？」

我父親一臉無奈地說：「我對卡夫卡能說什麼呢？他不只是我的同事。我跟他很要好。所以我才會爲他的義行擔憂。」他悶悶不樂地拿起眼前的咖啡杯。

後來我才知道，父親好幾次出手幫助卡夫卡的「義行」；他眞的不只是卡夫卡的同事，在很多事情上面，他是卡夫卡的同謀。

他放下咖啡杯說：「博愛經常是很冒險的事，正因爲如此，它也是最偉大的道德。卡夫卡是個猶太人，然而就基督所說的對鄰人的愛，我們辦公室裡那些基督徒和天主教徒的同事，沒有一個趕得上他。他們遲早要感到慚愧。他們也可能會幹出什麼卑鄙的事。人類習慣以更大的過錯去掩飾一個過錯。被逮到的職員很容易就洩漏卡夫卡的義行。卡夫卡的博愛應該謹愼一點。你跟他說一下。」

兩天後，我陪卡夫卡散步回家，我跟他提到父親所說的話。他沉默片刻，才解釋說：「事情並不像你父親所看到的那樣。基督宗教和猶太教的博愛並沒有矛盾。相反的，博愛是猶太人的一個道德成就。基督也是猶太人，他給整個世界帶來救贖的福音。再說，任何價值，無論是物質的或精神的，都有它的風險。因爲每個價值都必須接受考驗。至於別人的羞恥感，你父親是對的。我們不應該激怒別人。我們活在惡魔作祟的時代。我們只能像犯罪一樣默默地實現善和正義。戰爭和革命不會銷聲匿跡。相反的，我們的感受越是冷淡，它們的熾燄越是高張。」

卡夫卡的語氣讓我很不舒服，於是我說：「就像聖經說的，我們都在火窯裡！」[28]

「是啊，」卡夫卡說：「我們居然還活著，眞是個奇蹟。」

我不以爲然地搖頭說：「不，先生，我們活著是很正常的事。我不相信什麼世界末日。」

卡夫卡聽了莞爾。「你的確應該這麼說。你還年輕。一個不相信明天的青年，無異於背叛他自己。假如你想活下去，就必須相信。」

「相信什麼？」

「相信任何事物和片刻都有著充滿意義的相互關係，相信全體生命是生生不息的，相信近在咫尺的當下，也相信最遙遠的未來。」

我和卡夫卡聊起我在新德意志劇院欣賞的兩齣風格迥異的獨幕劇表演，作者分別是哈森克里佛（Walter Hasenclever）和史尼茲勒（Arthur Schnitzler）。[29]

「演出的安排不平衡，」我總結評論說：「第一齣的表現主義破壞了另一齣寫實主義的戲劇，反之亦然。或許他們沒有足夠的時間研究。」

「有可能，」卡夫卡說：「布拉格的德語劇院經營得很辛苦。整個來說，雖然票房很好，財務和人事關係卻很複雜。它是個沒有地基的金字塔。演員是導演的下屬，導演聽從劇場經理的指示，經理要對劇院的委員會負責。那是一條關係鏈，但是缺少最後一

---

28 譯注：《但以理書》3:20。

29 指哈森克里佛的《拯救者》（*Der Retter*）和史尼茲勒的《綠鸚鵡》（*Der grüne Kakadu*）。

個串聯一切的總結環節。那裡沒有眞正的德語社區，也就沒有固定而可靠的觀眾。坐在包廂和前排座位的猶太人雖然會說德語，但不是德國人，而在布拉格念書的德國學生則坐在二樓和頂層樓座，他們只是一種侵略力量的哨兵，是敵人而不是觀眾。在這種情況下，他們當然很難創作什麼嚴肅的藝術作品。他們把精力耗費在旁枝末節上，那只是治絲益棼，幾乎沒什麼效果。所以我從來不去劇院。太可惜了。」

德意志劇院正在上演哈森克里佛的戲劇《兒子》（*Der Sohn*）。[30]

卡夫卡說：「兒子背叛父親，是非常古老的文學主題，甚至是更古老的世界問題。戲劇和悲劇經常描寫它，但是它其實是個喜劇題材。愛爾蘭的辛格（John Synge）很清楚這點。在他的戲劇《西方世界的花花公子》（*Playboy of Western World*）裡的那個兒子是個好吹牛皮的年輕人，吹噓說他打死自己的父親。接著他的父親出現了，拆穿他的西洋鏡，使得那個自稱顛覆父親權威的年輕人當場出醜。」[31]

「我看得出來你對於青春和年老的對抗相當懷疑，」我說。

卡夫卡微微一笑。

「我的懷疑並不能改變一個事實，也就是這類的對抗其實只是虛張聲勢。」

「怎麼會是虛張聲勢呢？」

「年老是年輕人遲早要面對的未來。要爭些什麼呢？是爲了早一點變老嗎？還是要早一點踏進墳墓呢？」這時候一個職員走進辦公室，打斷了我們的談話。

德意志劇院邀請維也納的宮廷演員席德克勞特（Rudolf Schildkraut）[32]客串演出阿許（Schalom Asch）的《復仇之神》（*Der Gott der Rache*）。

我跟卡夫卡聊起這件事。

「席德克勞特是公認的偉大演員，」卡夫卡說：「然而他是個偉大的猶太演員嗎？我覺得很有問題。席德克勞特在關於猶太人的戲劇裡扮演猶太人的角色。但是自從他不再只是以猶太語言爲猶太人表演，而是以德語爲所有人演出，他就算不上是眞正的猶太演員了。他是個敲邊鼓的人，一個掮客，讓人們窺見猶太人的生活深處。他拓寬了非猶太人的視野，卻沒有釐清猶太人的存在問題。只有那些以猶太語爲猶太人表演的可憐猶

---

30 哈森克里佛的《兒子》在一九二〇年首演，後來成為德國表現主義的代表作。

31 辛格的《西方世界的花花公子》的捷克語譯本由佛羅里安出版，收錄於「好書」（Dobre Dílo）叢書。

32 席德克勞特（Rudolf Schildkraut, 1862-1930），德國偉大演員，在維也納、漢堡和紐約的劇場致力於推廣意第緒語新作家的作品。

太演員，才眞正那麼做。他們用他們的藝術吹走了猶太人的生活裡不屬於猶太人的秕糠，將塵封在過去裡的猶太人面貌重現在明亮的燈光下，讓紛亂時代裡的人們有個棲止的地方。」

我跟卡夫卡說，我在大戰結束前，在蓋斯廣場（Geisplatz）一家叫作「薩沃依」（Savoy）的小酒店裡看過兩場猶太流動演員的戲劇。卡夫卡聽了非常驚訝。

「你怎麼會去那種地方？」

「我跟我母親一起去的。她在波蘭住了很久。」

「你喜歡那個劇場嗎？」

我聳聳肩。

「我只記得我幾乎聽不懂他們在說什麼。他們用方言演出。不過我母親倒是很喜歡那些演員。」

卡夫卡望著遠方。

「我認識薩沃依酒店的猶太演員。那是十年前的事了。我也聽不太懂他們的語言。可是後來我發現我懂的意第緒語比我想像的還多呢。」[33]

「我母親的意第緒語說得很流利，」我驕傲地說。

我跟他說，我六歲的時候和我母親一起到普薩米謝城（Przemysl）猶太區的史瓦茲街（Schwarzgasse）。從老屋子和陰暗的雜貨店裡衝出男男女女，親吻我母親的手和裙襬，又哭又笑，大喊「好太太，好太太」。後來我才知道，在猶太人大屠殺期間，有許多猶太人躲在她家裡。

當我講完我的回憶以後，卡夫卡說：「我想飛奔到貧民窟裡可憐的猶太人那裡，親吻他們的衣裾，然後什麼話也不說。只要他們容忍我靜靜站在他們旁邊，我就很開心了。」

「你很寂寞是嗎？」我問。

卡夫卡點點頭。

「就像卡斯帕．豪瑟（Kaspar Hauser）一樣？」我說。[34]

卡夫卡笑說：「比卡斯帕．豪瑟更嚴重。我很寂寞……就像卡夫卡一樣。」

我朋友亞弗烈．肯夫和我一起散步，穿過布拉格市區的街巷和穿堂房屋，走到現代

---

33 關於卡夫卡和意第緒語演員的關係，見：Franz Kafka, *Tagebücher, Briefe an Felice*; Max Brod, *Franz Kafka*. Frankfurt: S. Fischer。

34 譯注：卡斯帕．豪瑟（Kaspar Hauser, 1812-1833），一個德國年輕人，據說他被隔離在地窖裡長大。

化的格拉本大街（Graben），他說：「布拉格是個悲劇的城市。我們從建築就看得出來，中世紀的和現代的建築夾雜在一起，沒有任何過渡階段的建築。櫛比鱗次的房屋因而顯得虛無縹緲。布拉格是個表現主義的城市。房屋、街道、皇宮、教堂、博物館、劇院、橋樑、工廠、塔樓和出租公寓，都是內心深處的感動表現在石頭上的痕跡。難怪布拉格的市徽是一個鐵拳頭，擊碎堅固城牆的柵門。城市的日常面貌裡藏著狂暴的生存意志，它要不斷摧毀舊的形式，以確立新生命。但是在它裡頭也藏著滅亡。暴力會招致更多的暴力。科技的發展會摧毀那個鐵拳。現代世界裡充滿著殘破的氣息。」

我回家以後，把亞弗烈的話寫在日記裡，以便第二天到保險局唸給卡夫卡聽。

卡夫卡很專注地聽我講，我把日記本闔上，塞進擺在大腿上的公事包以後，他咬著下脣好一會兒。然後他緩緩彎下腰，把手臂隨意擱在桌上，臉上緊繃的線條也不見了，很謹慎地輕聲說：「你朋友的一席話本身就是個鐵拳。我可以想像你們一定都被對方嚇一跳。我的朋友也時常這樣對我。他們一個個口若懸河，總是讓我不得不自我反省。」

他咳了幾聲，那是他很獨特的方式，有點像紙張沙沙的磨擦聲，然後縮著頭凝神望向天花板。「不只是布拉格，整個世界都是悲劇，科技的鐵拳摧毀了所有保護牆。那不是表現主義。那是每天赤裸裸的生活，我們被推向眞相，正如罪犯被押上刑場一樣。」

「爲什麼呢？我們毀壞了秩序嗎？我們是和平的破壞者嗎？」我興師問罪的語調把

我自己也嚇了一跳，不自覺地把大拇指放在嘴脣上面，想從卡夫卡的眼神裡窺探他對我的暴怒有什麼反應。但是他的視線掠過了我，掠過了所有東西，只是望著無盡的遠方，而我的一字一句，他都聽在耳朵裡。

他說：「是的，我們是秩序與和平的破壞者。那是我們的原罪。我們僭越了自然。我們意圖不只是像個物種一樣生生死死。作爲個體，我們每個人都想快樂地長生不死。那是一種反抗，而我們也因此失去了生命。」

「我不懂，」我坦白地說：「我們好生惡死，那是很自然的事啊。有什麼大不了的罪過呢？」

我的口氣帶有一點揶揄的意思，但是卡夫卡似乎渾然不覺。他很平靜地說：「我們想要讓我們自己有限的世界超越無限。爲此，我們破壞了萬物的循環。那就是我們的原罪。宇宙和地球的所有現象，都像天體一樣周而復始地運行，它們是一種永恆的回歸，只有人類這個具體的生物，一路由出生邁向死亡。對人類而言，沒有所謂個人的回歸。他只感覺到不停地往下坡走。於是，他打破了宇宙的秩序。那就是原罪。」

我插嘴說：「可是他沒有別的辦法啊！如果那是我們命中註定的，就不能說是一種罪。」

卡夫卡聽了以後，緩緩把臉轉向我。我看到他灰色的大眼睛，陰暗而渾濁，整張臉龐如石頭一般沉靜。只有下脣輕輕顫抖了一下。或者只是陰影？

他問我：「你要跟上帝抗議嗎？」

我低頭不語。牆外隆隆作響。

「否認原罪，就是否認上帝和人。也許人類唯有一死才能得到自由。誰曉得呢？」

我們繞著舊城廣場散步，聊起布羅德的劇作《僞幣製造者》（*Die Fälscher*）。我跟卡夫卡說我對導演的看法。我們一路聊到一個女性出場而改變整個情況的那個橋段。我覺得台上的演員應該在她上場前慢慢往後退，可是卡夫卡不認爲如此。

「所有人應該像被雷打到一樣往後退，」他說。

「那太做作了吧，」我反駁。

「就是要這樣。演員本來就要做作的。他的感受和表現應該比觀眾的感受和表現誇大得多，才能達到他所想要的效果。如果戲劇是要影響人生，那麼它必須比日常生活更強烈，張力更大。這是重力定律。你在射擊時，必須瞄準目標的上方。」

布拉格「城邦劇院」（Ständetheater, Stavovské divadlo）正上演恩斯特・懷斯（Ernst Weiss）革命性的戲劇《坦雅》（*Tanja*），他也是布羅德的朋友圈裡的人。[35]

我跟卡夫卡談到我看到的演出情況，他說：「裡頭最美的一幕是坦雅的孩子作夢的場景。當戲劇把不眞實的東西變成眞實的，它的效果是最強的。舞台也跟著變成靈魂的潛望鏡，從內心裡照亮現實世界。」

我的同學喬治・克勞斯（George Kraus）是作曲家馬勒（Gustav Mahler）的親戚，他借我法國劇作家亨利・巴比塞（Henri Barbusse）的兩本書《火》（*Le Feu*）和《光明》（*Clarté*）。[36]

其實我是爲卡夫卡借那兩本書的，他說：「火是戰爭的意象，它和眞理對應。而光明則是夢和願望的題材。戰爭使我們置身於哈哈鏡的迷宮裡。我們在一個接一個的假象裡跌跌撞撞，我們都是假先知和江湖郎中的受害者，惶惶不知所措，而他們用廉價的幸

35 恩斯特・懷斯（Ernst Weiss, 1884-1940），醫師和劇作家。

36 亨利・巴比塞（Henri Barbusse, 1874-1935），法國社會主義作家，於一九一六年出版《火》，以日記形式披露第一次世界大戰法國軍隊的內幕。一九一八年，在俄國大革命的影響下，出版《光明》。

福應許蒙住我們的眼睛，使得我們從猶如暗門一般的鏡子掉進一個接一個的地牢裡。」

老實說，在那個當下，我不太懂卡夫卡在說什麼，但是我不想像個傻瓜一樣呆呆站在那裡，於是用一個問題掩飾我的困窘：「那麼是什麼讓我們陷入這些困境？是什麼讓我們在裡頭動彈不得？我們一開始應該是出於自願穿過鏡廳的吧？是什麼讓我們落到這般田地？」

「是我們極其強大的貪婪和虛榮，我們權力意志的傲慢。我們貪圖種種虛妄不實的價值，而輕率地摧毀和我們整個人類的存在息息相關的事物。就是這個妄念，讓我們陷入泥淖而丟掉性命。」

我帶了艾胥密（Kasimir Edschmid）的書《雙頭仙女》（*Die doppelköpfige Nymphe*）到勞工意外保險局，書裡頭「德布勒與抽象派」（Theodor Däubler und die Schule der Abstrakten）一章有提到卡夫卡。[37]

「你知道這本書嗎？」我問。

卡夫卡點頭說：「有人跟我提過。」

「你覺得如何呢？」

卡夫卡聳聳肩，用右手做了個無奈的動作。

「艾胥密把我說成是一個設計師似的，其實我只是個很平庸拙劣的製圖員。艾胥密說我在平凡的事件裡灌注了奇蹟。他完全搞錯了。平凡的事物本身就是個奇蹟！我只是把它記錄下來。或許有人說我像是昏暗舞台上的燈光師，把事物照得更亮一些。但不盡如此！其實舞台一點也不昏暗。它光亮如白晝。正因爲如此，人們閉上眼睛，幾乎什麼都看不見了。」

「觀感和現實之間總是有個很讓人痛心的差距，」我說。

卡夫卡點點頭。

「一切都是爭戰和搏鬥。只有每天都必須奮力征服愛和生命的人，才有資格擁有它們。」

他頓了頓，帶著嘲諷的微笑輕聲說：「這是歌德說的。」

「歌德？」

他短促地點點頭。

「所有跟人類息息相關的事物，歌德幾乎都說過。」

---

37 Kasimir Edschmid (Eduard Schmid), *Die doppelköpfige Nymphe. Aufsätze über die Literatur und die Gegenwart*. Berlin: Paul Cassirer, 1920。卡夫卡提到的是該書第二章：Däubler und die Schule der Abstrakten。

「我朋友亞弗烈說，史賓格勒（Oswald Spengler）[38]的《西方的沒落》（*Untergang des Abendlandes*）裡的學說根本出自歌德的《浮士德》。」

「很有可能，」卡夫卡說。「許多所謂的科學家只是把詩人的世界搬到另外一個科學的平台上，藉此沽名釣譽。」

我父親對於各種木作都很入迷，他在閣樓裡有個自己的小型木工場，裡面有刨台和小型圓鋸，而且他一直想要建造一座車床。他有個非常要好的多年老友，叫作楊·切爾尼（**Jan Cerný**），是個稅吏。不過那只是他用來糊口的工作。他眞正有興趣的，是製作義大利小提琴的奧祕。爲了探索該手藝，多年來他利用休閒時間研究古義大利、日耳曼和捷克小提琴的上漆、木料、琴身大小和結構。他還爲此研究化學、歷史和音響學。他收藏了爲數可觀的弦樂器、特別的電子儀器，當然也擁有設備完整的木工場，裡頭有兩座車床，讓我父親羨慕不已。所以我父親經常一下班就跑去找切爾尼，有一次還帶我去，要我爲剛做好的小提琴試音伴奏。

那一天我記得很清楚，是五月的一個下雨天，雖然當時切爾尼的地址我已經忘了，可是我父親口中所說的那個「小提琴實驗室」的氣氛，至今記憶猶新。

一踏進切爾尼的房子，就有秩序井然的小型辦公室的感覺。但是那當然只是個假象，其實後面藏著非常特別的煉金術士的巢穴。屋主各種生活嗜好的南轅北轍，也可以從室內的擺設看得出來。

狹長如走廊的前廳左側有個小廚房，旁邊有一間相當陰暗的臥室。這就是切爾尼先生和他太太艾妮絲標準的中產階級生活的舞台。可是就在對面，也就是前廳的另一側，則是他的狂熱嗜好的展示廳，一間粉刷成白色的大房間，牆上掛著奇怪的圖表和曲線圖、幾把小提琴，以及一長排牆架，上頭擺著數不清的化學試管、藥劑、燈、測量儀器，以及裝著毛刷的大罐子。再過去有兩扇窗子。窗子前面有一座刨台，旁邊有一架黑色大鋼琴。左側的牆邊擺了兩座車床、一座擺滿亂七八糟的檔案夾的書架，以及一張小桌子，上面擺著小煤氣爐。門的右側有一座滿佈灰塵的鐵架子，掛了幾件髒兮兮的油漆罩衫，以及被塵埃染成鐵鏽色的圓頂硬帽。旁邊有高低長短不一的細木條架。整個房間瀰漫著刺鼻的油、漿糊和菸草的氣味，讓我很不舒服，鼻子非常癢。但是我父親的眼睛卻亮了起來。他說：「這才叫工作室，不是嗎？你瞧見那兩座車床了嗎？」

我隨口說：「嗯。」

---

38 譯注：史賓格勒（Oswald Spengler, 1880-1936），德國歷史學家和哲學家，主張所有文明的生命都是有限的而終將沒落。

接著我們走到臥室，裡頭有綠色的絨布傢俱、圓桌和像棺槨一樣的雙人床。切爾尼太太端來咖啡和大塊蛋糕。咖啡聞起來像汽油一樣，而香草口味的蛋糕吃起來像沙子或玻璃紙，在牙齒間咯咯作響。或許只是我自己的感覺，因爲小提琴實驗室的印象太震撼了。

爲了擺脫那個印象，我回家後便寫了一篇短篇小說，我稱爲「寂靜的音樂」。小說的出發點是來自切爾尼在我們拜訪時所講的話。

他說：「生命就是受動和推動的過程。而運動只有一部分是空間位移的現象。我們所承受的運動，有更大部分是沒有所謂位移的。所有活著的東西都在不停地振動。所有活著的東西都會發出聲音。而我們只聽見其中一部分。我們聽不見血液的循環、身體組織的死亡和生長、化學反應的聲音。我們的器官、腦部、神經和肌肉纖維的微小細胞，卻不斷被聽不見的聲音沖刷。它們和我們周遭的事物一起振動。音樂的力量便是奠基於此。我們可以藉著它喚起深層的感覺振動。爲此我們需要各種樂器，而它們所具有的音響能力是主要的決定因素。也就是說，重點不在於聲音大小或音色，而是潛藏的聲音特質，一種張力，音樂的魅力便是藉此觸動神經。這是每一種樂器以及製造樂器的人的主要問題。他必須努力製造出具有最大聲音張力的樂器。也就是說，他所製造的樂器，必須讓原本聽不見也感受不到的振動浮現在人類意識裡。因此，製造樂器的問題關鍵就在於如何使寂靜復活。他必須讓隱藏的聲音從寂靜裡破繭而出。」

我以這些看法為起點，寫了一篇關於一個樂器製造者的虛構小說，他製造了一種新樂器，給聽眾嶄新的、超越所有感知能力的、有趣的刺激，它的張力不斷攀升，甚至達到一種痛苦的層次，撕裂了聽眾的神經，而發明者後來也發瘋了。

我把小說拿給卡夫卡看，過了幾天，他微笑對我說：「我知道你筆下的那個音響魔法廚房。有一次我和你父親一起去拜訪切爾尼。我們在他家刨光了幾片木板，用車床做了幾個小玩意兒。切爾尼先生告訴我們他關於寂靜的音樂潛能的理論，並且拿了一把新奇的小提琴給我們看，它狹長的側壁上有幾個音孔。他甚至為我們演奏了一下，不過我聽不出來有什麼差別。我只記得音色沙啞，有一點金屬的感覺。那是切爾尼的樂器給我的唯一感覺。我如實以告。或許我讓他為此很苦惱，因為他後來對我就沒有那麼友善了。從此我再也沒去過他家。」

「你對於切爾尼的寂靜理論有什麼看法呢？」

「那不是什麼新理論。就像X光一樣，也有些聲波是人類耳朵聽不見的。有個法國人，我忘了他叫什麼名字，他以一系列精確的實驗證明，昆蟲以人類聽不見的聲波相互溝通。我們的感知能力的界限為什麼不能擴大呢？人類不是石頭。而就算是石頭也有蛻變的能力。礦物會分裂、瓦解、壓縮成幾何規律的水晶。人類不只是自然的產物，也是他自己的產物，他是一個惡魔，總是要打破既有的界限，將始終隱藏在黑暗裡的東西攤在陽光下。」

「你認爲我們要認眞看待切爾尼的說法？」

「當然。我們應該認眞對待每個人。每個人心裡都有他自己的幸福需求。至於那是眞知灼見，或只是瘋瘋癲癲的怪癖，只有時間才可以證明。」

「先生，你覺得時間是公正的嗎？」我懷疑地問。「時間就像羅馬神話裡的守門神一樣，它有兩張臉孔……」

「它甚至有兩個底座。」卡夫卡微笑說。

「時間是恆久，是對抗崩壞，它也是未來的可能性，對於新的恆久的渴望，它渴望蛻變，爲每個現象賦與有意識的存在。」

我在卡夫卡的辦公室裡。我帶了摩根斯坦（Christian Morgenstern）的《絞架之歌》（*Die Galgenlieder*）。[39]

「你知道他的嚴肅詩嗎？」卡夫卡問我說：「《時間與永恆》（*Zeit und Ewigkeit*）？還是《階梯》（*Stufen*）？」

「不，我完全不知道他寫過嚴肅詩。」

「摩根斯坦是個非常嚴肅的詩人。他的詩太嚴肅了，以至於他爲了躲避自己殘酷的嚴肅而必須逃遁到《絞架之歌》裡。」

布拉格的德語詩人烏齊第（Johannes Urzidil）[40]將一位不到二十歲就英年早逝的朋友的詩編輯出版。

我問卡夫卡是否認識那位過世的詩人。我不記得他的回答是什麼，但是他最後的幾句話讓我至今印象深刻。

「他是個不幸的年輕人，迷失在咖啡館的老猶太人之間，最後死去。他能怎麼辦呢？那些咖啡館是這個時代裡的猶太人的地下墓穴。沒有光也沒有愛。任憑誰都受不了。」[41]

39 譯注：克里斯提安・摩根斯坦（Christian Morgenstern, 1871-1914），德國詩人，擅長寫打油詩和幽默詩，《絞架之歌》是他的代表作。

40 烏齊第（Johannes Urzidil, 1896-1970），德國駐布拉格大使館新聞官，寫詩和藝術政治文章。

41 譯注：早期基督教在地下墓穴聚會傳教。

一八二八年，紐倫堡街上出現一個神祕的棄兒卡斯帕．豪瑟，我第一次看到這個名字，是在喬治．特拉克（Georg Trakl）的詩裡。後來莉蒂亞．霍茲納（Lydia Holzner）[42]也借我雅各．瓦瑟曼（Jakob Wassermann）的長篇小說《卡斯帕．豪瑟》（*Kaspar Hauser oder die Trägheit des Herzens*）。[43]

卡夫卡說：「瓦瑟曼筆下的卡斯帕．豪瑟早就不是棄兒了。他有了身分，在世界裡安身立命，也到警察局登記，是個納稅人。總之，他把以前的名字丟掉了。現在他叫作雅各．瓦瑟曼，是個小說家和莊園主人。在內心裡，他仍然爲心靈的怠惰而感到痛苦，那使他良心不安。然而他把他的心境改編成暢銷散文，結果皆大歡喜。」

我父親很喜歡阿騰堡（Peter Altenberg）的散文詩。只要在報紙上看到他的隨筆，他總會剪報下來，小心翼翼地保存在一本很特別的剪貼簿裡。

我跟卡夫卡提到這件事，他笑了笑，彎下身體，兩手放在膝蓋間，輕聲說：「那很好，非常好。我一直很喜歡你父親。他給人的第一印象，總是冷靜理性的。大家都以爲他只是個嚴肅而能幹的職員罷了。但是跟他熟識以後，就會發現，在僞裝的表面底下，其實有一泓溫暖人性的活泉。你父親一方面博學多聞，另一方面也擁有非常活潑的創造性想像力。所以他很喜歡詩。阿騰堡是個眞正的詩人。他的短篇小說反映了他的整個人生。而他的一舉一動，也都在證實他所說的話。阿騰堡是個化腐朽爲神奇的天才，一個超塵拔俗的理想主義者，他發現世界的美，就像在咖啡館的菸灰缸裡找到菸蒂一樣。」

第一次世界大戰剛結束時，梅林克（Gustav Meyrink）的《魔像》（*Der Golem*）成爲暢銷小說。[44]卡夫卡跟我聊起這本書。

「布拉格猶太人舊城區的氣氛掌握得太好了。」

「你還記得猶太人舊城區嗎？」

「其實我只趕上它的最後日子。可是……」卡夫卡揮一揮左手，彷彿要說：「現在

42 莉蒂亞·霍茲納在波里奇廣場四號有一所私立學校。她家裡經常有德國、捷克以及外國的文學家、畫家、雕塑家和音樂家聚會。她弟弟卡爾是法蘭茲·威弗的家庭教師。

43 譯注：雅各·瓦瑟曼（Jakob Wassermann, 1873-1934），德國猶太裔小說家。

44 譯注：古斯塔夫·梅林克（Gustav Meylink, 1868-1932），奧地利小說家、劇作者。

還趕得上什麼呢？」

他的微笑告訴我：「什麼也沒有。」

接著他說：

「它們仍然活在我們心裡，闃暗的街角、神祕的走廊、假窗、骯髒的庭院、吵鬧的酒館，以及鬼鬼祟祟的旅館。我們穿過新城的大街。但是我們的步履和眼神遲疑不決。我們的心裡仍然在顫抖，宛如置身在貧困的老街。我們的心還不知道貧民窟已經清除了。比起我們生活周遭衛生乾淨的新城，我們心裡疾病叢生的猶太舊城區要眞實得多。我們很清醒地走過一個夢：即使那只是逝去的年代的鬼魂。」

我在舊書店找到一本布洛瓦（Léon Bloy）的《窮人之血》的捷克語譯本。[45]

卡夫卡對我的發現很感興趣。

他說：「我看過布洛瓦一本批評反閃族主義的書，叫作《經由猶太人的救贖》（*Le salut par les Juifs*），在書裡頭，猶太人就像窮親戚一樣託庇於一個基督徒。很有意思。布洛瓦很能罵，讓人很意想不到。布洛瓦有一團火，有點像先知的熱情。我要說的是：布洛瓦罵得更好。那是想當然耳的事，因爲他的那團火是被現代所有亂七八糟的事給養大的。」

卡夫卡送我一篇達拉哥（Carl Dallago）談齊克果（Søren Kierkegaard）的短論。

他說：「齊克果面對一個抉擇的難題，究竟是要以美學的態度享受存有，或是以倫理的態度體會它。但是我認爲這個問題問錯了。所謂的『非此即彼』，只是存在於齊克果的腦袋裡。其實，唯有透過謙卑的倫理體會，才能有對於存有的美學享受。不過這只是我個人一時的看法，或許想得清楚以後就會放棄。」

有幾次，我和漢斯·克勞斯（Hans Klaus）去看卡夫卡，漢斯雖然和我同校，不過不是很熟，因爲他比我大幾歲，此外，他也寫了許多詩和短篇小說，算是個知名作家了。和他比起來，我只是個乳臭未乾的學生。但是我覺得卡夫卡比較喜歡跟我說話。我既開心卻又自慚形穢。

---

45 Léon Bloy, *Le sang du pauvre*. Juven, 1909。捷克語譯本由佛羅里安於一九一一年出版。Léon Bloy, *Le salut par ler Juifs*. Paris: A. Desny, 1892。

「你在卡夫卡眼裡只是個孩子嗎？」我爲了自我安慰而問自己：「或許你只是自以爲卡夫卡比較喜歡你吧。」

我心裡很不安。有一次我陪卡夫卡從辦公室到舊城廣場散步時，便問他說：

「先生，你覺得我很愛虛榮嗎？」

卡夫卡瞪大眼睛。

「你怎麼會這麼問？」

「我覺得你對我比對克勞斯好。我很開心。眞的很開心。可是我也跟自己說，那只是虛榮心作祟。」

卡夫卡抓住我的手臂。

「你是個孩子。」

我的下巴開始顫抖。

「先生，我一直在想，你會那麼喜歡我，只是因爲我是個乳臭未乾的笨小孩。」

「在我眼裡，你是個年輕人，」卡夫卡說：「你有種種未來的可能性，別人早就遺失了的可能性。你太在意別人了，你必須注意自己，免得迷失自我了。我在跟你聊天時，好像是在跟我的過去說話，所以才會覺得很親切。再說，你比克勞斯年輕，你更需要理解和愛。」

從那天起，我和克勞斯的關係就改變了。我們幾乎成了好朋友。他把他的文學夥伴介紹給我認識，魯道夫．阿特舒爾（Rudolf Altschul）醫師，以及建築師康斯坦丁．阿尼（Konstantin Ahne），他以筆名漢斯．丁尼．坎東（Hans Tine Kanton）發表詩作。

我們時有往來，一起去劇院，遠足，彼此借書，一起討論，也相互欣賞。於是我們成立了一個團體，叫作「抗議」（Protest），在莫札特協會（Mozarteum）舉辦作品朗讀會。

我們本來也想朗讀卡夫卡的作品給觀眾聽，但是他嚴詞拒絕。

「你們眞是瘋了，」他對我說：「一個跟警察局申請而且獲准的抗議活動？那眞是既可笑又可悲。比眞正的反抗還要糟糕，因爲那只是虛張聲勢的衝撞。再說，我根本不是什麼抗議者。我願意接納一切，耐心地承受，但是我可不想接受這樣的粉墨登場。」

我急著解釋說，我跟阿特舒爾、克勞斯和阿尼不是一夥的。三人幫解散了。對我而言，卡夫卡比我自己的虛榮心更重要。[46]

46 漢斯．克勞斯、漢斯．丁尼．坎東和魯道夫．阿特舒爾，於一九二〇年十一月，在布拉格的莫札特協會舉辦作品朗讀會。由奧托．皮克開場致辭，他急於澄清說，「抗議」不是個文學團體的名字。朗讀會的發言人是索爾陶（Otto Soltau），他是布拉格德意志劇院的成員，因為演出哈森克里佛的《兒子》而在晚會中備受矚目。康斯坦丁．阿尼於一九二〇年以筆名漢斯．丁尼．坎東發表詩作《生命；霧》（*Leben-Nebel*）。漢斯．克勞斯的短篇小說和詩見於各報紙雜誌；一九三〇年，他的一齣戲劇在布拉格新德意志劇院首演。魯道夫．阿特舒爾在布拉格以神經科醫師聞名。

幾個月後，漢斯和我有了一點齟齬，我跟卡夫卡訴苦，他只是靜靜地聽，然後聳聳肩說：「你現在想聽我的勸告。可是我不是好的顧問。對我而言，任何勸告基本上都是一種背叛。那是面對未來的懦弱撤退，而『未來』正是我們的『現在』的試金石。然而只有那些良心不安的人，才會害怕試煉。那是無法完成現在的任務的人。但是有誰完全清楚他們的任務是什麼呢？大概沒有人吧。因此，我們每個人都問心有愧，也都想早早去睡，以逃避良心的譴責。」

我說，約翰尼斯．貝謝（Johannes R. Becher）在一首詩裡把睡眠形容成死神的親切拜訪。[47]

卡夫卡點頭說：「沒錯。或許我的失眠只是因爲害怕那個訪客，我欠他一條命。」

詩人漢斯．克勞斯送我一本小書，艾倫斯坦（Albert Ehrenstein）的《圖布奇》（*Tubutsch*），裡頭有奧斯卡．柯克西卡（Oskar Kokoschka）的十二幅插畫。[48]卡夫卡

在我家看到那本書，於是我借給他看，有一次我去辦公室找他時，他把書還給我。

「這麼小的一本書，居然如此喧鬧，」他說：「《尖叫的人》（*Der Mensch schreit*）。你知道那本書嗎？」

「不知道。」

「我想那是艾倫斯坦的詩集。」[49]

「你跟他很熟嗎？」

「是嗎，」卡夫卡不以爲然地聳聳肩。「人們從來都不認識活著的人。『現在』不斷在蛻變幻化。艾倫斯坦屬於這個世代。他是個迷失在虛無裡的孩子，在那裡頭不停地吶喊。」

「你覺得柯克西卡的插畫怎麼樣？」

「我看不太懂。『插畫』（Zeichnung）一詞是衍生自『描繪』（zeichnen）、『形容』（bezeichnen）、『顯示』（zeigen）。畫家只給我看到他的內心極大的困惑和紛亂。」

---

47 Johannes R. Becher, *An den Schlaf*. Leipzig: Insel Verlag, Insel-Almanach, 1918.

48 譯注：奧斯卡・柯克西卡（Oskar Kokoschka, 1886-1980），奧地利表現派畫家、詩人和劇作家。

49 Albert Ehrenstein, *Tubutsch*. Insel-Bücherei Nr. 261 (1919)，裡頭有奧斯卡・柯克西卡的十二幅插畫。卡夫卡所說的《尖叫的人》於一九一六年在萊比錫由庫特・伍爾夫出版社出版。

「我在魯道夫音樂廳（Rudolfinum）的表現主義畫展上看到他描繪布拉格的巨幅畫。」

卡夫卡將他擱在桌子上的手掌向上翻起。

「那幅巨畫，中間有尼古拉教堂的綠色圓頂嗎？」

「是啊，我說的就是那幅。」

他低下頭。

「在那幅畫裡，屋頂都飛走了。圓頂成了風裡的雨傘。整個城市到處飛。但是儘管內心撕裂，布拉格仍然屹立不搖。那眞是不可思議。」

我從約翰·席拉夫（Johannes Schlaf）[50]的詩集《春》（*Frühling*）裡選了兩首詩譜成歌曲。我抄了一份寄給作詞者。席拉夫寫了一封字體優美的長信答謝，我把信拿給卡夫卡看。

他看了哈哈大笑，隔著桌子把信遞還給我。「席拉夫眞是教人感動。我們和布羅德一起到威瑪（Weimar）時曾經去拜訪他。他絕口不提文學和藝術，一頭栽進推翻現存的太陽系的問題裡。」

「不久前我才看了席拉夫一本很大部頭的書，他說地球才是宇宙的中心。」[51]

「是的，他那時候就有這個想法了，而且試圖以他自己對於太陽黑子的解釋說服我們。他把我們拉到他的陋室窗前，讓我們以小學生用的老舊望遠鏡看太陽。」

「你們一定笑翻了。」

「怎麼會呢，他敢用古老傳統裡的這個可笑的東西來跟科學和宇宙對抗，讓我們既忍俊不禁又很感動，還差一點相信他了呢。」

「那麼你們最後爲什麼不相信他？」

「其實是因爲咖啡的關係。它太難喝了。我們不得不落荒而逃。」

我跟卡夫卡提到萊曼（Reimann）一篇有趣的短篇小說，他說萊比錫有個出版商庫

50 譯注：約翰・席拉夫（Johannes Schlaf, 1862-1941），德國自然主義劇作家和小說家，也將惠特曼和左拉的詩譯為德文。

51 席拉夫鑽研地球中心說多年。他最早關於該主題的書見：*Professor Plassmann und das Sonnenfleckenphänomen*. Leipzig: Hephainstos-Verlag, 1914。主要作品為：*Die geozentrische Tatsache als unmittelbare Folgerung aus dem Sonnenfleckenphänomen*. Leipzig: R. Hummel 1925；*Kosmos und kosmischer Umlauf. Die geozentrische Lösung des kosmischen Problems*. Weimar: Literarische Institut H. Doetsch, 1927。

特・伍爾夫（Kurt Wolff），早上八點的時候退了一本泰戈爾（Rabindranath Tagore）的翻譯書，兩個鐘頭後，出版社的編輯跑到郵政總局把退稿追回來，因爲他剛剛看報紙才知道泰戈爾得了諾貝爾文學獎。

「他居然退了泰戈爾的書，眞是奇怪，」卡夫卡沉吟說：「伍爾夫對泰戈爾應該不陌生吧。印度和萊比錫，這個距離只是個表象。其實泰戈爾只是個僞裝的德國人。」

「或許是一個校長？」

「校長？」卡夫卡很嚴肅地重複我的話，緊抿著脣，嘴角拉下來，緩緩搖頭說：「不會吧。不過他可能是薩克森邦的人，就像華格納一樣。」

「你是說穿著粗呢雨衣的神祕主義者嗎？」

「有點像。」

我們哈哈大笑。

我借卡夫卡一本印度宗教史詩《薄伽梵歌》（*Bhagavad Gita*）的德譯本。[52]

卡夫卡說：「印度的宗教作品讓我既著迷又反感。就像蠱毒一樣，它們既誘人又可怕。所有這些瑜祇和巫師，他們駕馭被自然束縛的生命，但不是藉著對於自由的熱愛，而是藉著對於生命隱約的、冷酷的仇恨。印度宗教習俗的根源，是一種根深柢固的悲觀主義。」

他的話讓我想起叔本華（Arthur Schopenhauer）對於印度宗教哲學的興趣。

卡夫卡說：「叔本華是個文字藝術家，那是他的思想泉源。光是爲了他的文字，我們就絕對得讀他的作品。」

有一回，卡夫卡看到我手裡拿著馬列斯（Michael Mareš）的一本小詩集。[53]，他笑了出來。

「我認識他，」他說：「他是個激烈的無政府主義者。在《布拉格日報》（*Prager Tagblatt*）裡，他被人們戲稱爲怪人。」

「你沒有把捷克無政府主義者看在眼裡？」

卡夫卡尷尬地笑了笑。

---

52 *Die Bhagavad Gita. Das hohe Lied, enthaltend die Lehre der Unsterblichkeit*。哈特曼（Franz Hartmann）仿照阿諾德（Edwin Arnod）的梵文翻譯的詩歌形式譯為德文（Theosophisches Verlagshaus）。

53 指馬列斯於一九二〇年自費出版的詩集《我來自邊緣》（*Prichazim z periferie*）。

「很難，那些自稱無政府主義者的人都很親切友善，讓人不得不相信他們說的每一句話。但是正因爲他們的這個特質，人們無法相信他們眞正是他們自稱的世界的顚覆者。」

「你跟他們有來往嗎？」

「有幾個人。他們都是很親切有趣的人。」

———

幾天以後，我聽到他和無政府主義者往來的一些小故事。

卡夫卡和我從舊城廣場走進蓋斯特街（Geistgasse），經過慈愛修士會教堂，來到莫爾道河，然後左轉，穿過國會前的廣場，沿著聖十字騎士街（Kreuzherrengasse）散步，一直到查理橋，轉進查理街，回到舊城廣場。

我們在散步時遇到形形色色的人們，卻沒有什麼特別的印象。在艾基地街（Egidigasse）和查理街轉角，我們和兩位高貴的女士差一點撞個滿懷。其中一位女士有一張圓潤的臉，搽滿了白粉，紅色的頭髮梳了個大鳥巢頭；另一位女士比較矮小，臉龐瘦削，有點黝黑，看起來像個吉普賽女郎。

我們貼著牆走，可是那兩位女士完全沒有注意到我們，自顧自地聊著剛才發生的事。

「他抓住我的脖子，把我轟出門外。」那個黑頭髮的女子發牢騷說。

紅髮女子趾高氣昂地抱怨說：「我怎麼跟妳說的？人家不讓妳去那個地方嘛。」

「胡扯！舊城咖啡館和其他餐廳一樣，都是公共場所，爲什麼我不能去？」[54]

「就是妳不准去。他們不讓妳進去，自從妳在那個胖愛瑪肚子上劃了兩刀以後。」

「她活該。那隻母豬。」

「是啊，她是個下流坯子。可是那裡的門房是她老頭，難怪他要把妳攆出來。」

「他眞是個『無賴』（Ravachol）！竟然那樣抓我的脖子……」

那兩位女士消失在一間穿堂屋裡。

我們往相反的方向繼續走。

「你聽到最後一句話嗎？」卡夫卡問我。

「你是說『Ravachol』嗎？」

「嗯，你知道那是什麼意思嗎？」

「當然啊，『Ravachol』是布拉格的流行語。意思差不多是惡棍、流氓、無賴之類

---

54 舊城咖啡館是當時著名的夜店，位於艾基地街口，在一九二〇年代歇業。

的。」

「沒錯，」卡夫卡點頭說：「起初我也以為是這個意思。可是它其實是一個法國人的姓，漸漸變成捷克文的一個名詞，而指涉一種性質。」

「有點像是所羅門（Solomon）或希律王（Herodes）嗎？」

「差不多那樣，」卡夫卡說：「『Ravachol』是一個法國無政府主義者，他原本叫作法蘭茲．奧古斯丁．科尼斯坦（Franz Augustin Königstein）。他不喜歡這個德文名字，就用了他母親的姓，法文唸作『Ravaschool』。可是腦筋簡單的布拉格報紙讀者把它唸成現在這個拼法：『拉瓦秀』（Ravachol）。有很長一陣子，他一直是新聞報導的焦點呢。」

「那是什麼時候的事？」

「大約是一八九一年到一八九四年間。那時候我還是個小孩子，我的褓姆是個捷克人，她每天帶我從舊城廣場穿過泰因街（Teingasse）到肉販廣場去上學，放學後，那位小姐會在校門口等我。可是有時候她會遲到，或者是學校提早放學，我總是很開心，跟在班上一群頑童後面，往相反的方向走，讓褓姆找不到我，我跑到齊根街（Ziegengasse），那裡總會有人打架鬧事。」

「你沒有加入混戰嗎？」我想當然耳地脫口而出，我無法想像卡夫卡在學校會跟著打架鬧事。

可是卡夫卡笑彎了腰說：「我會不會跟著打架嗎？雖然我沒有打架的經驗，而且害怕鬥毆，我卻總是衝到人群最多的混戰裡，向同學證明我不是他們所說的被媽媽寵壞的寶貝兒子。而且我也不想被人看作懦弱的猶太小孩。可是我沒有說服他們，因爲我總是被人狠很揍一頓。每次偷跑去玩的結果，都是哭哭啼啼、一身髒兮兮地回家，外套鈕扣也掉了，襯衫領子也破了。你瞧，就是這裡。」

卡夫卡駐足在小廣場的舒伯特紀念館入口附近，輕輕甩一甩頭，要我看看對面一間鶴立雞群的中世紀房屋「米努塔」（Minuta），它毗鄰市政府，將小廣場和舊城廣場一分爲二。「我父母親就住在上頭，他們只有晚上才在家，每天都到店裡去，家事就交給女廚師和褓姆。我在外頭打架以後，一把鼻涕一把眼淚、衣衫不整、渾身髒兮兮地回家，她們總是暴跳如雷。褓姆絞著雙手，放聲大哭，威脅說要告訴我父母親我幹了什麼好事。但是她從來都沒有打小報告。相反的，褓姆和女廚師趕緊清理掉打鬥的痕跡。女廚師還一邊咕噥說：『你眞是個無賴（Ravachol）！』當時我不知道那是什麼意思。我問她，可是她只是說：『那就是你。你是個澈頭澈尾的無賴。』就這樣，她把我歸類到一群我完全不認識的人裡面。她使我成爲一個陰暗的祕密的一部分，那個祕密讓我不寒而慄。我是個無賴！這個詞聽起來像個可怕的咒語，使我惶惶不可終日。爲了擺脫這個焦慮，有一天晚上我問在正客廳玩牌的父母親說什麼是『Ravachol』。我父親眼睛盯著紙牌說：『就是罪犯、凶手的意思。』我的臉色一定很驚訝很難看，因爲母親擔憂地問我：『你打哪裡聽到這個詞的？』我結結巴巴地搪塞過去。一想到女廚師居然認爲我是罪犯，我的舌頭就打結了。我母親仔細打量我的臉。她正準備把紙牌擱在桌上，要好好盤問我一番。可是我父親要繼續玩牌，沒好氣兒地說：『他還能從哪裡聽到？不外就是學校或街上嘛！現在到處都在談論這個傢伙。』我母親說：『是啊，他們對這個壞蛋太大驚小怪了。』這時候我父親啪的一聲打出一張王牌，『篡！』我慌慌張張地溜出客廳。第二天早上，我就發燒了。被請來看診的醫師診斷說是喉嚨發炎，開了一些藥。褓姆拿著處方箋到藥局去，女廚師坐在我床邊，她是個高大肥胖、脾氣很好的女人，我們都叫她『安娜小姐』。她摩娑著我擱在棉被上的手說：『別害怕，很快就會好的。』可是我把手縮到棉被裡頭，問她說：『爲什麼我是個罪犯？』女廚師睜大眼睛說：『罪犯？誰說你是罪犯來著？』『妳啊，妳自己說的。』『我？』安娜小姐捏緊拳頭壓在她的大胸脯前，氣憤地說：『我哪裡有？這絕對不是眞的。』可是我說：『是眞的。妳說我是無賴，那不就是罪犯的意思嗎？我爸媽跟我說的。』安娜小姐聽罷雙手抱著頭，笑著解釋說：『是啊，我說過你是個無賴。可是我沒有惡意。無賴只是個口頭禪。我沒有要罵你的意思。』她摸摸我的臉頰安慰我。可是我把臉頰轉向牆壁。這時候褓姆買藥回來了。『Ravachol』這個名字，我們從此絕口不提。但是它像一根刺似的，一直留在我心裡。或者更好說是一根折斷了的針頭，在身體裡到處亂竄。咽喉炎痊癒了，可是在我心裡有個如附骨之蛆的疾病，『Ravachol』。雖說表面上沒什麼異樣，大家還是像以前那樣待我，可是我知道，我是被社會擯棄的人，是個罪犯，總之，就是個『Ravachol』。我的行為舉止完全改變了。我不再跟著其他孩子去打架鬧事，總是乖乖跟褓姆回家。這樣就不會有人說我是個『Ravachol』了吧。」

「這眞是無稽之談，」我脫口說。「不過時間應該沖刷掉這一切了吧？」

「剛好相反！」卡夫卡苦笑說：「沒有任何東西像一個沒由來的罪惡感那樣緊緊附著在心靈裡，正因爲它沒有眞實的理由，所以人們無法藉著懺悔或贖罪去擺脫它。所以說，儘管我表面上早已忘記我和女廚師的事，而且知道了『Ravachol』的眞正意思，可是我仍然是個『Ravachol』。」

「你研究過拉瓦秀的生平嗎？」

「是的。而且不只是拉瓦秀的，也包括其他許多無政府主義者的生平。我曾經探究過他們的一生和思想，例如哥德溫（Godwin）[55]、普魯東（Proudhon）、史提爾納

55 譯注：威廉·哥德溫（William Godwin, 1756-1836），英國記者、政治哲學家、小說家。主張功利主義和無政府主義。

（Stirner）[56]、巴枯寧（Bakunin）、克魯泡特金（Kropotkin）、塔克（Tucker）[57]和托爾斯泰，我也參加過各種社團和集會，花費不少金錢和時間在這件事上。一九一〇年，我曾經參加捷克無政府主義者在卡洛林塔區的『陸軍十字勳章』飯店（Zum Kanonenkreuz）舉辦的會議[58]，無政府主義的『青年俱樂部』（Klub der Jungen）僞裝成『曼陀林俱樂部』在那裡聚會。布羅德也參加了好幾次集會，不過他基本上對無政府主義並不感興趣。他認爲那只是年輕人在政治上的越軌行爲。但對我而言，那是一件非常嚴肅的事。我跟隨拉瓦秀的足跡，因而認識了艾瑞希・米薩姆（Erich Mühsam）[59]、亞瑟・霍里策（Arthur Holitscher）[60]和維也納的無政府主義者魯道夫・葛羅斯曼（Rudolf Grossmann）[61]，他自稱是皮耶・拉密（Pierre Ramuz），擔任《全民福祉》（*Wohlstand für alle*）雜誌的編輯。他們都試圖實現不需要救恩的人類幸福。我能夠理解。但是……」

卡夫卡舉起雙手，猶如折翼一般，然後無助地垂下。「我無法一直和他們並肩作戰。我只是和布羅德、威爾屈以及包姆（Oskar Baum）爲伍，跟他們走得比較近。」

他停下腳步。我們到了他的故居。他若有所思地笑著看了我一兩秒鐘。然後他輕聲說：「所有猶太人，就像我一樣，都是被社會排斥的『Ravachol』。至今我仍然可以感覺到那些小流氓在回家的路上對我拳打腳踢，可是現在我再也不能打架了。我沒有年輕人的那種衝勁。那麼保護我的褓姆呢？現在我也沒有褓姆了。」

他跟我握握手。「時候不早了。晚安。」

——

我給卡夫卡一本卡爾・克勞斯（Karl Kraus）在維也納編輯的最新一期的《火炬》（*Fackel*）。

「他著實好好修理了記者們一頓，」卡夫卡隨手翻閱說：「只有狡猾的偷獵者才能成爲嚴厲的巡山員。」

「克勞斯揭發維也納城堡劇院（Burgtheater）的編劇喬治・庫卡（Georg Kulka）

---

56 譯注：馬克斯・史提爾納（Max Stirner, 1806-1856），德國哲學家，虛無主義、存在主義和無政府主義先驅，著有《唯一者及其所有》（*Der Einzige und sein Eigentum*）。

57 譯注：班傑明・塔克（Benjamin Tucker, 1854-1939），美國個人主義者、無政府主義者。

58 二十世紀初，「陸軍十字勳章」飯店是個著名的無政府主義者的聚會所，在一九一〇年捷克反戰團體「青年聯盟」（Jugendbund）的大審當中扮演重要的角色。布羅德和卡夫卡都到該飯店參加無政府主義會議，布羅德把當時的氣氛寫在他的小說《司提反・洛德》（*Stefan Rott oder Das Jahr der Entscheidung*）裡，並且提到許多參與者的真名；另見：Klaus Wagenbach, *Franz Kafka. Eine Biographie seiner Jugend*. Bern: A. Francke, 1958，記錄了馬列斯關於卡夫卡參加布拉格無政府主義運動的回憶。

59 譯注：艾瑞希・米薩姆（Erich Mühsam, 1878-1934），德國無政府主義作家。

60 譯注：亞瑟・霍里策（Arthur Holitscher, 1869-1941），捷克猶太裔無政府主義小說家。

61 譯注：魯道夫・葛羅斯曼（Rudolf Grossmann, 1882-1941），德國畫家。

的抄襲事件，你的看法如何？」

「那不算是什麼大事。只是一念之差罷了，沒什麼。」

我們聊起阿爾弗．波爾嘉（Alfred Polgar）經常在《布拉格日報》發表的風格獨特的小品散文。

卡夫卡說：「他的遣詞用字洗練而綺麗，人們把波爾嘉的作品當作輕鬆的社會娛樂，幾乎沒有注意到自己其實受到他的影響和洗腦。在他如絲絨手套一般的形式下，隱藏著內容的不可動搖的意志。波爾嘉是身處在非利士人境內卑微而能幹的瑪加伯（Makkabäer）[62]。」

卡夫卡把馮西．雅姆（Francis Jammes）的一本詩集還給我。[63]「他純樸得讓人感動，幸福洋溢而濃郁。對他而言，生活不是兩個夜晚之間的事件。他和他的整個世界，都在上帝全能的雙手的眷顧下，他親暱地叫喚慈愛的上帝，猶如家人一般。所以他永遠都長不大。」

莉蒂亞・霍茲納送我一本德布林（Alfred Döblin）的中國小說《王倫三跳》（*Die Drei Sprünge des Wang-lun*）。我把書拿給卡夫卡看，他說：「他是德國現代小說家裡的熠熠之星。除了他這本處女作，我只看過他的一些短篇小品，以及一部很奇特的愛情小說《黑簾》（*Der Schwarze Vorhang, Roman von den Worten und Zufällen*）。我覺得德布林似乎認爲可見的世界並不完整，所以他必須以創作去塡補它。這只是我的印象。不過如果你好好讀，應該也會這麼想。」

聽了卡夫卡的評語，我開始讀德布林的第一部長篇小說《黑簾》。

我跟卡夫卡聊起這件事，他說：「那本書我看不太懂。我們所謂的偶然，是指同時發生原因不明的事件。可是沒有因果關係就不會有世界。所以世界裡其實不會有偶然這

---

62 譯注：猶太戰士猶大的別名，於西元前一六五年光復耶路撒冷聖殿。後來瑪加伯也通稱為宗教自由而戰的猶太人。

63 指由史塔德勒（Ernst Stadler）選輯並翻譯的詩集《謙卑的祈禱》（*Die Gebete der Demut*），於一九一三年由庫特・伍爾夫出版社出版，收錄於「末日叢書」（Der jüngste Tag）第九冊。

種東西，而只有在這裡……」卡夫卡用左手碰了額頭一下。

「偶然只在我們的腦袋裡，在我們有限的認知裡。它反映了我們的知識的侷限性。對抗偶然，永遠是在對抗我們自己，這場戰爭我們永遠不可能打贏。可是這本書對此隻字不提。」

「這麼說，你對德布林很失望嗎？」

「其實我只是對自己感到失望。或許他想要說的，和我的期待不一樣。可是我頑固的期待蒙蔽了我的眼睛，使得我跳過一頁又一頁，一行又一行，最後跳過了整本書。對於這本書，我無法作評論。我是個很差勁的讀者。」

卡夫卡看到我身邊帶著德布林的短篇小說《謀殺蒲公英》（*Die Ermordung einer Butterblume*）。

他說：「聽起來眞怪，一個在肉食文化裡習以爲常的概念，居然可以和一個溫柔的植物名字聯想在一起。」

《布拉格報》的週日副刊連續三期刊登法蘭茲・布萊（**Franz Blei**）的《動物文學寓言集》（*Grosses Literarisches Bestiarium*）的文摘。作者把許多作家和詩人比喻爲魚、鳥、鼴鼠、兔子等等。他說卡夫卡是一種很特別的鳥，吃苦草根維生。

我問卡夫卡認不認識布萊。

「他是布羅德多年的好友，」他微笑說：「布萊非常機智詼諧，我們和他在一起的時候，他總是讓人發噱。世界文學穿著內褲列隊走過我們桌前。布萊本人比他的作品更聰明更偉大。不過那是難免的事，因爲他所寫的只是街談巷語的雜記。可是從頭腦到筆尖的路程，比從頭腦到舌頭要遙遠而艱難得多。有些人半途就會迷路。布萊是一個在往德國的途中迷路的東方軼聞作家。」

卡夫卡看到我在讀約翰尼斯・貝謝的詩集，他說：「我不懂這些詩。裡頭充滿了喧嚷和文字堆砌，讓人無法擺脫它。文字不再是橋樑，而成了一堵無法跨越的高牆。人們一開頭就對它的形式很反感了，根本無法深入探究它的內容。他的文字沒有凝結成語言，而只是吶喊。如此而已。」

卡夫卡給我看擱在他桌上的兩份傳單。一份是「捷克全國退伍軍人協會」印的，訴求的對象是國家。第二份傳單署名「捷克左派社會民主黨」，呼籲「工人階級參與國際勞動節的盛大遊行」。

卡夫卡問我：「你有什麼看法？」

我很尷尬地說不出話來，因爲我不知道該怎麼評論這兩份傳單。

卡夫卡看得出來我沉默的原因，沒有等我回答就說：「這兩份傳單來自政治立場對立的兩個陣營，它們卻有個共同點。他們訴求的對象是不眞實的東西。無論是國家或工人階級，都是抽象的共相，教條式的概念，霧裡看花的現象，只能透過語言的把戲去理解。這兩個概念只有當作語言的產物時才是眞實的。它們的生命是錨定在語言裡，在它的內在世界裡，而不是在人類的外在世界。只有具體而實在的人，我們的鄰人，才是眞實的，上帝讓我們在人生的路上遇到他們，並且受到他們直接的影響。」

於是我說：「是啊，例如年輕的卡爾．羅斯曼在旅途中遇到船上的火伕。」

「是的，」卡夫卡點頭說：「就好比說，每個具體的人都是外在世界的信使。概念只是對於一個人的熱情的漫畫嘲諷，是來自內心世界的牢獄裡的幽靈。」

有人送我卻斯特頓（G. K. Chesterton）的兩本書《正統》（*Orthodoxy*）和《曾是星期四的人》（*The Man who was Thursday*）。[64]卡夫卡說：「他太快樂了，以至於人們幾乎相信他發現了上帝。」

「你覺得笑是宗教情感的一個象徵嗎？」

「不盡然。在這樣一個無神的時代裡，人必須快樂一點。那是個義務。即將沉沒的鐵達尼號上的樂隊必須演奏到最後一刻。人就是藉此將絕望的地基給掏空。」

「可是強顏歡笑比溢於言表的悲傷更讓人難過。」

「沒錯。可是悲傷是絕望的。然而，重要的是前方的風景，心懷希望，繼續往前走。只有在山窮水盡、形格勢禁的時刻，才是危險的。背後就是深淵。一旦走了出來，一切就海闊天空了。問題就在那個時刻。它決定了我們的人生。」

---

64 譯注：卻斯特頓（G. K. Chesterton, 1874-1936），英國作家、詩人、神學家。

我們聊起了波特萊爾（Baudelaire）。

「詩是一種病，」卡夫卡說：「但是退燒不代表恢復健康。剛好相反，熾熱可以滌淨且照亮一切。」

——

我借給卡夫卡一本馬克西姆・高爾基（Maxim Gorki）的《追憶托爾斯泰》的捷克語譯本。

卡夫卡說：「高爾基忠實描繪人物性格而不妄下論斷，實在非常感人。我很想拜讀他關於列寧的札記。」

「高爾基有出版關於列寧的回憶錄嗎？」

「沒有，可是我相信他遲早會發表的。列寧和高爾基過從甚密。可是高爾基的所見所聞都是透過他的筆，你從他關於托爾斯泰的札記就可見一斑。筆不是作家的工具，而是他的一個器官。」

——

我抄了一段格魯瑟曼（Grusemann）評論《附魔者》作者的書裡的句子：「杜思妥

也夫斯基（Dostojewskij）是一則血腥的童話。[65]」卡夫卡看了以後說：「沒有任何童話是不血腥的。每一則童話都是源自深層的血和恐懼。這是所有童話的共同點，儘管表面上大相逕庭。比起非洲黑人童話，北歐童話沒有那麼多幻想的動物，但是它們的核心，它們的渴望深處，其實是一樣的。」

後來有一次，他推薦我看看福洛貝紐斯（Frobenius）的非洲民間童話故事集。[66]

海涅（Heinrich Heine）。

卡夫卡說：「他是個不快樂的人。德國人從以前到現在都指責他是個猶太人，可是他是個不折不扣的德國人，和猶太人扞格不入。這就是在他血液裡典型的猶太人性格。」

---

65 Michael Grusemann, *Dostjewski*. Philosophische Reihe. 28, hrsg. von Dr. Alfred Werner. München: Verlag Rösl&Co. 1921.

66 Leo Frobenius (hrgs.), *Atlantis. Volkmärchen und Volksdichtungen Afrikas*, Veröffentlicht durch das Forschungsinstiut für Kulturmorphologie in München, Eugen Diederichs, Jena, 12 Bde (1912-18).

我父母親在戰前和戰爭期間訂了一大堆德語和捷克語的報紙和雜誌。其中也包括《維也納皇冠報》（*Wiener-Kronen-Zeitung*），一份低俗便宜的八卦報紙，頭版總會有筆觸輕快的鋼筆素描，讓我非常驚豔。

素描的對象包括王儲、失火的商店、皇家遊行隊伍、當時剛成立的齊柏林飛船的空襲、從馬背上摔下來的哥薩克騎兵、蘇格蘭風笛、殺人和竊盜現場，以及穿著筆挺、蓄著仁丹鬍子、衝進火場裡的救生員，還有佩著手槍和不斷揮舞著軍刀的警察、得獎的狗和馬、穿戴著皮草披肩和活像水果籃子的帽子的貴婦，以及許多其他聳動的場景，揭露了時代隱藏的容顏。

我把《維也納皇冠報》有趣的頭版都做了剪報，一九一八年的時候，我把剪報裝訂成冊，加上大理石花紋的硬皮封面，很驕傲地擺在我的書架上。大約三年後，卡夫卡在談話中提到一個現代詩人（我忘記叫什麼名字了），他說，一個詩人的風格總是「受到年輕時的祭壇畫[67]的影響」，我恍然大悟地說：「那麼我的祭壇畫應該就是《維也納皇冠報》了。」

再次見面時，我把剪報冊拿給卡夫卡看。卡夫卡興致勃勃地翻閱，看到那貴婦頭上的水果花籃時不覺莞爾，他對著俄國革命的場景凝視了好一會兒，而當他看到一個維也納妓女在床上被分屍的畫面，搖頭震驚地說：「唉，眞是太可怕了！」

我說：「這些是圖畫集錦，就像生活一樣多采多姿而且充滿衝突。」

可是卡夫卡不以爲然地搖頭說：「不對。這些圖畫掩飾的東西多過它所揭露的。它們並沒有探觸到所有衝突交會的那個深邃之地。它們對於事件的描繪只是一種賺錢的工具。正因爲如此，《維也納皇冠報》的插畫比舊市集裡素樸的木板畫要露骨得多，也更沒有價值。那些木板畫至少給人們一些神遊物外的幻想刺激。這些報紙插畫則不然。它們讓想像力折翼。那是想當然耳的事。繪畫技巧越是純熟，我們的眼睛就越弱視。工具使器官喪失能力。無論是光學、聲學、交通工具，都是如此。由於戰爭的關係，美國來到歐洲。兩塊大陸擠在一起。只要一個火花，轉瞬間就可以把聲音傳到世界各地。我們的生活空間不再只是人類身體所及的地方，我們生活在渺小而迷失的星球上，周遭有數十億個大大小小的世界。宇宙張開它的大嘴巴。在它的喉嚨裡，我們個人的行動自由一天天地流失。我相信不消多久，我們必須擁有特別的通行證，才能走出自己的家門。世界變成了猶太人貧民區。」

我小心翼翼地問：「這會不會太誇張了？」

卡夫卡搖頭說：「不，一點也不誇張！我在勞工意外保險局這裡就看到了。世界打

67 譯注：教堂裡裝飾祭壇上方或後方的畫作，多半畫在木板上，以油畫、浮雕為主，包括可以折疊的雙聯畫、三聯畫和多聯畫。

開了，而我們卻被趕進一個滿坑滿谷的文件溝壑裡。唯一可以確定的是我們現在坐著的椅子。我們的人生看起來是一條直線，雖然其實每個人都是一座迷宮。辦公桌是普魯克拉提斯之床[68]。而我們可不是什麼古代英雄。因此，儘管我們受盡折磨，也只不過是個悲喜劇裡的角色。」

「大多數人一點也不壞，」卡夫卡在談到萊昂哈特·法蘭克（Leonhard Frank）的《人類性善》（*Der Mensch ist gut*）[69]時如是說。「人之所以做壞事或有罪，是因為他們在說話和做事時沒有想到自己的話語和行為的後果。他們只是個夢遊者，不是什麼惡棍。」

卡夫卡的心情很好。

「你今天看起來神采奕奕呢，」我說。

卡夫卡微笑說：「我只是鑿壁借光而已。因為我聽到一件開心的事。我的一個好朋友，路德維希·哈特（Ludwig Hardt），刻下正在布拉格。」[70]

「是不是就是要在穀物期貨交易所裡朗誦的那個人？」

「是啊，就是哈特。你認識他嗎？」

「不，我不認識。我只是看到報紙廣告。我對詩歌朗誦不是很有興趣。」

「你一定會對哈特很感興趣的。他不是那種自吹自擂的藝術家。哈特是文字的僕人。他喚醒塵封在陳規舊俗裡的詩，賦與它生命。他是個很了不起的人。」

「你是怎麼認識他的？」

「我是在十年前透過布羅德而認識他的。第一次見面的時候，我整個晚上都聽他在講話。他是個很有魅力的人。如此自在隨興，而且神采飛揚。他來自北方，是個典型的猶太人，可是一點也看不出來他是個異鄉人。我和他一見如故。他眞是個魔術師。」

「爲什麼是個魔術師？」

「我也說不上來。他總是能讓人覺得很輕鬆自在。這就是他爲什麼是個魔術師的原因吧。總之，我們都會去聽他的詩歌朗誦。我會去買票。」

在哈特的朗誦會開始前，我們在穀物期貨交易所的台階上遇到詩人魯道夫．弗克斯

---

68 譯注：古希臘神話裡的一個強盜，宣稱他的床適合所有人睡，太高的人就把他的腳鋸斷，太矮的就把他拉長。比喻削足適履的僵硬體制。

69 法蘭克在第一次世界大戰結束前於蘇黎世和萊比錫出版的《人類性善》，成為戰後德國的反戰宣言。

70 路德維希．哈特（Ludwig Hardt, 1886-1947）。

（Rudolf Fuchs）。[71]我們和他一起站在門口附近。卡夫卡注視著藝術家，不過我從他的臉色看得出來他壓抑著內心的情緒。我知道他很難集中精神在節目上。

「你還好吧，先生？」中場休息時，弗克斯暫時離開一下。

卡夫卡揚起眉毛。

「我看起來不大對勁嗎？有什麼異樣嗎？」

「沒什麼。只是感覺怪怪的。」

卡夫卡緊緊抿著嘴脣笑了笑。

「如果是身體不舒服的原因就好了。可惜不是。我只是非常疲倦、空虛，每當我被什麼東西吸引的時候，那種感覺就會襲上心頭。也許是我的想像力太貧乏了。一切事物都飄走了，只剩下我那間灰暗而絕望的囚房。」

我不是很清楚他的意思，本來想問他一下，可是弗克斯回來了，我只好把問題吞了回去。朗誦會後，我跟卡夫卡道別，他和弗克斯、威爾屈、布羅德太太以及其他人在等哈特。

第二天我到辦公室去找卡夫卡。他的話很少，也不想談到昨晚的朗誦會。後來我提到說，我讀過弗克斯的詩集《商旅》（*Die Karawane*）以及他翻譯的奧托卡·布列齊納（Otokar Březina）的讚美詩，他才振作起來說：「弗克斯是非常忠實的讀者，不只是對於每一本好書，甚至對於一個詩人每一句發自內心的話，他都擺在自己謙卑的靈魂之上。正因爲如此，他才會是個好的譯者，是個著作很少的作家。他的《商旅》介紹了許多外國文化的產物。他是文字的僕人。」

我們再也沒有談到哈特這個人。

我父親送我一本喬治·特拉克的詩集當作生日禮物。

卡夫卡跟我說，特拉克爲了逃避戰爭的恐怖，因而服毒自殺。

「那是向死神投誠的逃兵吧，」我說。

「他的想像力太豐富了，」卡夫卡說：「所以他受不了戰爭，因爲戰爭正是肇因自想像力的嚴重不足。」

---

71 魯道夫·弗克斯（Rudolf Fuchs, 1890-1942）是布拉格梅西出版社（Verlag H. Mercy）的老闆之一，他也發行著名的中產階級自由派報紙《布拉格日報》。一九一三年，他出版個人第一本詩集《流星》（*Meteor*），詩集《商旅》於一九一八年由庫特·伍爾夫在萊比錫出版。他也出版布列齊納和貝茲魯奇（Petr Bezruč）的翻譯詩選。

我病了十天，躺在床上，沒辦法去上學。父親帶來卡夫卡對我的誠摯慰問，以及「島嶼文庫」的一本彩色硬皮精裝書：叔本華的《論寫作與風格》（*Über Schriftstellerei und Stil*）。

康復了幾天以後，我跑到勞工意外保險局。

卡夫卡心情很好。我跟他說，病癒以後我覺得比從前更強壯了，他的臉上露出迷人的微笑。

「當然囉，」他說：「你和死神打過交道而且走了過來。那會使你更強壯。」

「整個生命畢竟只是走向死亡的路程，」我說。

卡夫卡很嚴肅地凝視了我片刻，然後看著桌面：

「對於健康的人而言，生命其實只是意味著不自覺地、祕密地逃避對於『人皆有死』的意識，而疾病總是一種警告和較勁。所以說，疾病、疼痛和苦難，都是宗教情感最重要的泉源。」

「你怎麼會這麼想呢？」我問。

卡夫卡微笑說：「因爲我是猶太人。我和我的家庭、我的出身脫不了關係。它比個人更久遠。不過那也是一種逃避認識死亡的企圖。只是一廂情願的想法。這樣是無法得到什麼知識的。相反的，因爲這樣的願望，那渺小的、自私得可怕的自我，便凌駕在追求眞理的靈魂之上。」

「你在讀什麼，」卡夫卡問。

「《富庶之城塔什干》（*Taschkent, die brotreiche Stadt*），作者是……」[72]

他沒讓我講完。

「好極了。不久前我才花了一個下午的時間讀完它。」

「我覺得這本書比較像個紀實，而不是藝術作品，」我說。

「每個眞正的藝術都是紀實和見證，」卡夫卡很認眞地說：「如果一個國家能有書裡所說的那樣的少年，那個國家就不可能敗亡。」

「或許問題不在於個人吧。」

「正好相反！物質的類別是由原子裡的電子數決定的。群眾的水平取決於個人的意識。」

72 Alexander Neverov, *Taschent, die brotreiche Stadt*. Malik-Verlag, Berlin, 1921.

我走進辦公室時，卡夫卡正忙著翻箱倒篋，原本擺著訪客椅的桌子側邊，現在卻有堆積如山的書籍、雜誌和辦公室文件。卡夫卡隔著桌子向我招手示意。

「來自字紙地牢的問候！」

「我沒打擾你吧？」

「一點也沒有。請坐。」

我坐在訪客椅上說：「這眞是一片檔案森林。你完全消失在它後面了。」

我聽到卡夫卡大笑一聲，接著說：「這麼一來，一切都沒問題了。寫下來的東西照亮了世界，而作者則是消失在黑暗裡。滾一邊去吧！」

他拉出中間的抽屜，打開側邊的格子，開始把成堆的書報雜誌塞到裡頭。

我想要幫忙他，把一只檔案夾遞給他，他卻猛力搖頭說：

「你放著！如果我們不小心把東西整理得井然有序，可能會惹來大麻煩。我可能會突然陷入困境，我會失去對於一個盡責的公務員而言非常重要的藉口，如此一來，我就不能推託說，我無法完成交付的工作，不是因爲能力不足，而是因爲我的辦公桌太亂了。我絕對不能讓人家發現這點。所以我必須小心翼翼地讓我的辦公桌保持混亂的狀態。」

爲了證明他的話，他砰的一聲把中間抽屜推進去，然後用很誇張而賊忒忒的語氣說：「我老是抱怨辦公室裡以及我的生活周遭一團混亂，那只不過是一個詭計，好讓人們懲罰性的好奇眼光看不到我的生活的飄萍無寄。其實正因爲混亂，我才能活下去，才能偷得最後一點個人自由。」

我陪卡夫卡從辦公室散步回家。那是個斜風細雨的陰冷秋日。卡夫卡在樓梯上跟我說，這種天氣他在街上沒辦法講話。

「沒關係，」我回答說：「我們還是一樣能夠溝通的。」

可是我們走出勞工意外保險局的大門，卡夫卡彎著身體，渾身顫抖，劃了個大羅馬十字，我一下子完全搞糊塗了。

看到我驚訝的表情，卡夫卡哈哈大笑，我們走回大樓裡，他對我說：「我剛才說的是捷克語：『天殺的大冬天』（sakramentská velká zima）。彎腰表示讓我受不了的『大』，顫抖是表示寒冷的傳統方式，而劃十字則是表示『sakramentská』。」[73]

不知道爲什麼，我不喜歡他開的玩笑，於是我說：「劃十字不算是聖事吧。」

73 譯注：「sakramentská」意思是「極度的」、「難以容忍的」、「他媽的」，字源拉丁文「sakramenta」指聖事和聖物，包括十字架，所以卡夫卡劃十字影射「sakramentská」。

他把手搭在我的肩膀上。

「不只是每個符號，甚至是每個再小的動作，只要裡頭充滿信仰，它們就是神聖的。」

一九一九年，我和在布呂克斯區（Brüx）上格奧爾根山谷（Obergeorgenthal）的鐵路局工作的哥哥漢斯，在艾爾茲山脈（Erzgebirge）漫遊，看到那裡的網織品和玩具製造者的饑餓和貧苦，我把當時的情況告訴卡夫卡，最後說：「無論是商業、工業、醫療和民生物資的供給，每個環節都出了問題。我們生活在一個分崩離析的世界裡。」

可是卡夫卡並不同意。他輕咬著下脣幾秒鐘，以非常堅決的語氣說：「那不是眞的。如果一切都崩壞了，那麼我們或許也可以找到一個新的發展機會的起點。可是到目前爲止並非如此。我們的來時路已經不見了，所有共同的未來展望也消失無蹤。我們仍然在絕望地往下墜落當中。你看看窗外，就可以了解現在的世界是什麼樣子。人們要往哪裡去？他們要什麼？我們再也不知道事物本身的意義關係。儘管人群擁擠，每個人卻都闇啞無聲而自我孤立。世界的價値和自我的價値的互動關係也失靈了。我們的世界不僅分崩離析，更是精神錯亂。一切都像殘破的帆船上的帆具那樣嘎吱作響。你和你哥哥所看到的貧苦，只是一個更深層的困境的表面現象。」

卡夫卡凝視著我的眼睛，彷彿很憂心地問我：「你明白我的意思嗎？我讓你更困惑了嗎？」

我趕緊問一個問題：「你是指社會的不公不義嗎？」

卡夫卡的臉色變得嚴肅而諱莫如深。

他說：「我說的是背離正義。我們每個人都脫不了關係。我們都感覺到了。很多人甚至心知肚明。可是沒有人會承認我們生活在不義裡。於是我們虛構出各種藉口。我們大談各種不義，社會的、心理的、民族的，還有其他不知道哪兒來的不義，只是爲了掩飾那唯一的罪，我們自己的罪。因爲，什麼是『不義』呢？它是『我們的正義』的縮寫。它是正義沒錯，不過只對我有效，因此是個強制性的規定，是一種不義。而所謂的社會不義，只是種種魚目混珠的策略之一。」

我搖搖頭。「不，先生，這點我沒辦法同意。我看到艾爾茲山區的貧困。那些工廠簡直是……」

卡夫卡打斷我的話。「那些工廠只是賺錢的工具。我們都只是跑龍套的角色。重要的是金錢和機器。人只是資本累積的過時器具，是歷史的餘緒，他在知識上捉襟見肘的能力，很快就會被運作順暢的思考機器給取代。」

我很不屑地嘆了一口氣說：「是啊，那是威爾斯（H. G. Wells）最受歡迎的幻想嘛。」

「不，」卡夫卡語氣嚴峻地說：「那不是個烏托邦，而是我們近在眼前的未來。」

——

卡夫卡是猶太復國主義（Zionismus）的忠實信徒。

一九二〇年春天，我剛從鄉下住了一陣子後回到布拉格，我們第一次談到這個話題。

那次我是到卡夫卡在波里奇廣場的辦公室去找他。他心情很好，很健談，而且似乎很高興我臨時起意去拜訪他。

「我以爲你在遠方，而你居然就站在門口。你不喜歡克倫梅茲（Chlumetz）嗎？」

「很喜歡啊，不過……」

「不過還是這裡比較好，」卡夫卡微笑補充說。

「你知道的，家畢竟是家。那是完全不一樣的。」

「家總是不一樣的，」卡夫卡的眼神如夢似幻。「如果你過著自覺的生活，明白自己對他人的義務和責任，那麼家再老，也會永遠是新的。只有透過義務，人才能得到自由。這是人生最重要的事。」

「沒有自由的生活根本無法想像，」我大聲說。

卡夫卡凝視著我，彷彿在說：「稍安勿躁，」接著慘然微笑說：「那聽起來如此理所當然，我們幾乎都要信以爲眞了。但是在現實裡要困難得多。自由就是生命。不自由毋寧死。可是死亡和生命一樣眞實不妄。困難的地方就在這裡，無論是生存或死亡，都是我們要面對的。」

「所以你認爲，一個民族沒辦法獨立，就是滅亡的象徵。自從一九一三年以來，捷克就敲起了喪鐘，比一九二〇年的捷克更悲慘。」

「我不認爲如此，」卡夫卡反駁我的話。「我們無法將一九一三年的捷克和一九二〇年的捷克如此絕對地一分爲二。現在的捷克有更多的可能性，因此可以更好——如果我們可以這麼說的話。」

「我不是很懂你的話。」

「我沒辦法說得更清楚了，或許我本來就沒辦法說得更好，因爲我是猶太人。」

「怎麼會呢，這和猶太人有什麼關係？」

「我們談到的是一九一三年和一九二〇年的捷克。那大抵上是個歷史的問題，所以——如果我可以這麼說的話——現代猶太人的無能問題就必定會暴露出來。」

我的表情一定很愚蠢，從卡夫卡的語氣和肢體動作就看得出來，這個時候他在意的不是我們談話的內容，而是我是否明白他的意思。

他彎著腰，壓低聲音，卻清楚明白地說；

「對於現在的猶太人而言，歷史以及在時間裡的英雄們的家鄉，再也無法讓他們滿足了。他們渴望在空間裡的一個小小的、熟悉的家鄉。越來越多猶太年輕人回到巴勒斯坦。那是回到他們自己。回到他們自己的根。生長的地方。對於年輕人而言，家鄉巴勒斯坦是個必然的終點。相對的，捷克人心裡的捷克則是個起點。」

「有點像飛機場。」

卡夫卡把頭往左偏。

「你覺得像是搭飛機一樣嗎？我看到的似乎是遠遠背離了他們的根基，背離自己的動力來源。我從來沒聽說一隻小鷹固執地持續看著一條肥鯉魚游來游去，就可以學會飛翔。」

———

我陪著卡夫卡沿著莫爾道河散步到國家劇院。再走到格拉本大街，左轉到貝格曼街（Bergmanngasse）和艾森街口，回到舊城廣場。途中我們遇到法蘭茲．P，他是我的同學，是個資優生，很自以爲是。我們隨隨便便打了個招呼就各走各的。我跟卡夫卡說到我們（也就是其他一大夥孩子，我也在其中），如何受不了P，一逮到機會就會「海扁」他一頓。

最後我說：「那已經是很久以前的事了。後來我和P言歸於好，甚至站在他這邊對抗其他孩子。」

「結果如何呢？」卡夫卡語氣冷淡地問。

「我想結果還不錯，」我回答說：「起初雙方都鼻青臉腫，耳垂也被扯破了，不過不久以後，那些男孩看到我們不是隨便就可以欺負的，就放棄對我們的敵意。」

「所以說，你們攻守兩方勢均力敵，」卡夫卡說。

我點頭說：「我們相互讓步。」

卡夫卡輕聲乾笑說：「那麼可以說是個重大的勝利。上戰者，不戰而屈人之兵。那麼你們一舉消滅邪惡了嗎？我們大概不能指望這點。那只是癡心妄想吧，邪惡不會因此就被削減，正好相反！它會更猖狂，蔓延得更快，因爲我們不想看到它的眞實存在，用一廂情願的想法去掩飾現實。」

我們在卡夫卡的家門前停下腳步。他仰起頭，視線緩緩掃過前門，看也不看我地問：「你知道要走幾級樓梯才能到我房間？」

「我不知道。」

卡夫卡的目光掠過我身上。「我也不知道，我從來沒算過。我不敢算。如果我知道有幾級，在每一級樓梯前也許會害怕得氣喘發作吧。」他微微一笑。「勇敢面對艱難甚或他自己的內心，並且每分每秒地注視著它，應該會好一些。」

卡夫卡很嚴肅地凝視我，一兩分鐘才把視線移開。「夢想著消滅邪惡，只是反映了絕望的感受，它起因自信仰的喪失。」

———

自從由馬薩里克（T. G. Masaryk）[74]領導的捷克第一共和在一九二〇年四月宣布眾議院和參議院大選以後，所有參選的政黨開始激烈的宣傳戰，讓人們不注意都不行。我們在聊天時也免不了這個話題，因為卡夫卡的多年老友布羅德代表捷克共和國的猶太復國主義黨競選而轟動一時。布羅德固然以批評家、小說家和哲學家聞名，但是沒有從政經驗，所以他在支持猶太復國運動的《自衛報》（*Selbstwehr*）發表的文章相當引人注目。可是我父親認為，布羅德的政黨無法在一個選區裡獲得足夠的票數。卡夫卡也同意我父親的看法。

他說：「布羅德和他的政界朋友相信，猶太復興主義黨可以在東斯洛伐尼亞的伊佩耶（Eperjes）贏得必要的選票。」

「你也覺得可以嗎，先生？」

「老實說，我不認爲如此。布羅德之所以認爲猶太復興主義黨有勝選的條件，是因爲伊佩耶在戰後曾經成立一個捷克蘇維埃政府，可是由於沒有得到伊佩耶的猶太居民的支持而迅速垮台。布羅德由此推論說猶太復國運動的發展機會到了。然而他錯了。伊佩耶的猶太人和世界各地的猶太人一樣，都只是各種政黨的應聲蟲。他們沒有現代國家意識，只有古老的氏族意識。他們只有回到自己家裡才是猶太人。到了外頭，他們只會附和統治者的合法政權。因此，伊佩耶的猶太人沒有支持倉促成立的蘇維埃政府。他們的消極性並不是植基於猶太人的民族主義，而是因爲他們需要有所依附。我試著跟布羅德婉轉說明我的看法。可是他不明白我的意思。他不了解，猶太人的民族主義和他所說的猶太復國運動一樣，都只是一種自我防衛。所以說，布拉格支持猶太復興運動的報紙會叫作《自衛報》。猶太人的民族主義就像是沙漠寒夜裡的商旅，因爲外來的威脅而緊緊團結在一起。商旅並不想征服任何人。他們只想回到自己安穩的家，讓商旅裡的男人和女人都有機會過一個自由自在的生活。猶太人渴望一個家鄉，那並不是侵略性的民族主

74 譯注：多瑪士·馬薩里克（Tomáš Garrigue Masaryk, 1850-1937），奧地利和捷克政治家，在第一次世界大戰期間倡議捷克獨立，成為捷克第一位總統。

義，也不是基於在內心和在世界裡的無家可歸而憤怒地強奪別人的居地，因爲他們基本上沒有能力使世界從沙漠變成綠洲。」

「你是不是指德國人？」

卡夫卡沉默了片刻。他乾咳幾聲，用手摀著嘴巴，疲倦地說；「我指的是所有貪婪剝削的人類族群，他們使得世界一片荒蕪，卻無法因此擴大他們的勢力範圍，而只是讓他們自己的人性更狹隘。相較之下，猶太復國運動只是要努力找回他們自己的人性法則。」

我在貝格斯坦（Bergstein）街角的一棟大樓裡找猶太人工會「錫安工人黨」（Poale Zion）[75]的聚會所。我在陰暗的中庭向一群人攀談，不但沒有得到我要的資訊，反而挨了幾個耳光，只好狼狽而逃。我把警衛找來時，中庭裡已經一個人都沒有。他沒好氣地問我：「你找這些猶太人要做什麼？你又不是猶太人。」

我搖搖頭。

「是的，我不是猶太人。」

「所以說啦，」這個法律的守護者得意洋洋地說：「你瞧！你去找那些流氓做什麼？你才挨幾個耳光，已經算你走運，趕快回家去吧。有身分地位的人不會跟猶太人牽扯不清的。」

過了幾天，我跟卡夫卡講起這個意外事件。

「隨著猶太復國主義，也喚醒了反閃族主義，」他說：「猶太人的民族自決被認為是對他們的環境的否定。結果便產生了自卑感，而在仇恨的爆發以後，很快就會銷聲匿跡。當然長久看來，它終究成不了氣候。然而那正是人類所有過犯的根源，也就是人們總會捨棄遙不可及的道德價值，而選擇狎近的罪惡。」

「也許人們沒有別的辦法，」我說。

卡夫卡猛搖頭。

「不，人類有別的路走。原罪正好證明了他是自由的。」

75「錫安工人黨」是猶太復國運動底下的猶太工人黨。在波蘭和俄羅斯成立，試圖整合猶太復國運動和社會民主。

在談到一本東歐猶太人小說選集[76]時，卡夫卡說：「裴瑞茲（Perez）、艾許（Asch），以及所有其他東歐猶太作家，其實只是在寫民間故事。那是對的。猶太教不只是一種信仰，它更是一個由信仰定義的族群所信守奉行的生活實踐。」

——

我朋友里德勒送我一本討論米開朗基羅（Michelangelo）的書，書裡附有插圖。

我把書拿給卡夫卡看，他對著摩西像的插圖端詳了好一會兒。

「他不是領袖，」他說：「他是個法官，一個嚴厲的法官。最終只有一個嚴厲而不講情面的審判，才能夠領導人們。」

——

我在大熱天跑去游泳。結果肺部輕微發炎。

後來終於可以出門了，我就到勞工意外保險局去找卡夫卡。

「你眞是不知道節制，」他跟我打了招呼以後就數落我說：「病痛是個警訊，你要多照顧自己。健康不是一個人可以隨便揮霍的財產，而只是借來的錢，是個恩賜。可是大多數人渾然不覺。因此他們不懂得什麼叫作健康經濟學。」

「熱得受不了的時候，他們也都會跳到水裡，」我微笑說。

卡夫卡點頭說：「是啊，他們會把自己搞得精疲力竭。然後會出現疾病的警訊。人們通常是罪有應得。可是沒有人明白這點，反而怪罪生命。於是人們跑去找醫師，健康的辯護人，以制止生命的罪惡。然而疾病根本不是罪惡，是個警訊，是在幫助生命。」

我茫然注視著地上。

於是卡夫卡問我：「好啦，你還有什麼不滿意的。說出來吧！」

「聽起來很奇怪，先生，」我尷尬地回答說：「我這麼說好了，病魔纏身的你，居然會說疾病的好話。」

「一點也不奇怪，」卡夫卡不停地揮手，大聲說：「那是很自然的事。我是個傲慢自大的人，我不想完全知道生存的艱難。我父母親很有錢，而我是他們的獨生子。我以爲生活是很理所當然的事。而疾病將生命的脆弱以及生存的奇蹟完全展現在我面前。」

「這麼說，疾病其實是個恩寵囉。」

「是的。它給我們一個接受考驗的機會。」

---

76 見：Artur Landsberger (hrgs.), *Das Ghettobuch. Die schönsten Geschichten aus dem Ghetto*. Berlin-Wien: Verlag Benjamin Harz 1921。

——

卡夫卡在跟我談起德國以及法國之旅時，也提到布羅德：「這趟旅行更鞏固了我們的友誼。那是很自然的事。到了陌生的環境，家鄉和熟悉的事物總是顯得更清楚明白。我想關於猶太人的猶太笑話，也是植基於此。比起其他人，我們更能夠看清楚對方，因爲我們一起在旅途上。」

——

我們在碼頭散步。

我問到「散聚」（Diaspora）這個詞的意思。卡夫卡說那是希臘文，指的是猶太民族離散各地。希伯來文叫作「Galut」。

他說：「猶太民族四處漂流，像種子一樣到處散播。就像穀種吸收環境的養分，儲存在裡頭，好成長茁壯，猶太人的命運也是如此，他們吸收人性的力量，去蕪存菁，才能繁榮壯大。摩西仍然有其現實意義。一如亞比蘭（Abiram）和大坍（Datan）拒絕摩西的命令說：『我們不上去！』[77]世界也以反閃族主義的嘶吼在抗拒。人們寧可沉淪在關於種族的動物學的理論深淵裡，也不肯顯露他們的人性光輝。他們毆打猶太人，也屠殺了人性。」

「猶太人和德國人有許多共同點，」卡夫卡在談到卡列爾．克拉瑪（Karel Kramář）[78]時說：「他們都很進取、優秀、刻苦耐勞，而且基本上都很討人厭。猶太人和德國人都是被放逐者。」

「或許他們就是因爲這些性格才討人厭，」我說。

卡夫卡搖搖頭。

「喔不，眞正的理由要深邃得多。它的底層是個宗教的理由。我們在猶太人身上看

---

77 譯注：「摩西打發人去召以利押的兒子大坍、亞比蘭。他們說：『我們不上去！你將我們從流奶與蜜之地領上來，要在曠野殺我們，這豈為小事？你還要自立為王轄管我們嗎？並且你沒有將我們領到流奶與蜜之地，也沒有把田地和葡萄園給我們為業。難道你要剜這些人的眼睛嗎？我們不上去！』」（民16:12-14）

78 卡列爾．克拉瑪（Karel Kramář, 1860-1937）於一八九四年擔任青年捷克黨黨代表。奧匈帝國解體後，他於一九一八年成為捷克第一任總理。卡列爾．克拉瑪是捷克民族主義者的領袖，他們併入以前的國家民主黨，他和多瑪士．馬薩里克以及貝尼斯是水火不容的對手。

得很清楚。可是在德國人身上就沒有那麼明顯，因爲人們還沒有拆掉他們的聖殿。不過遲早會有那一天的。」

「爲什麼？」我覺得很納悶。「德國人不是神權統治的民族。他們沒有自己的聖殿，也沒有民族神。」

「人們大多這麼想，其實完全不是那麼一回事，」卡夫卡說：「德國人有個神，祂使鋼鐵長大。他們的聖殿就是普魯士的參謀本部。」

我們哈哈大笑，可是卡夫卡說他是很認眞的，因爲我笑了出來，他才跟著笑。他的笑只是被我傳染的。

我陪卡夫卡從勞工意外保險局散步回家。不過這次我們不走策特納街，而是經過格拉本大街。途中我們聊到一個以幻想故事聞名的奧地利作家的新小說。

「他虛構的本事很厲害，」我稱讚說。

可是卡夫卡噘著嘴說：「虛構比發現容易多了。盡可能完整地表現出現實的多樣性，是世上最難的事。熙來攘往的臉孔像神祕的昆蟲軍團一樣，每天呼嘯飛掠而過。」

我們駐足在布呂克街（Gasse am Brückel）和歐布斯特街（Obstgasse）的轉角。他若有所思地凝望著溫策爾廣場（Wenzelsplatz）底下的交通樞紐。「那些人相遇做什麼？每一張臉都是一座碉堡。可是沒有任何東西像人的臉孔消失得那麼快。」

我微笑說：「跳蚤和蒼蠅是很難抓得到的。」

「是的，我們走吧，」卡夫卡點頭說，轉身大步沿著布呂克街走下去。

我們到青年廣場參觀方濟會雪中聖母教堂，它擁有全布拉格最高的教堂中堂。卡夫卡對它的名字很感興趣。幸好我有辦法跟他解釋這個奇怪的名字的由來，因爲我在這裡聽了好幾場古捷克教堂音樂，而有機會多了解這座教堂。

根據古老的傳說，西元四世紀羅馬有個虔誠而富有的公民，他做了一個夢，夢裡聖母要他在第二天下雪的地方建造一座聖母堂。當時是西元三五二年炎熱的盛夏。那眞是個荒謬的夢，可是事後證明那個夢是眞的，因爲第二天早上，羅馬的艾斯基利努斯山丘上（Esquilinus）覆滿白雪。我忘了那個公民叫什麼名字，後來他就建了一座雪中聖母教堂。

促成興建那座羅馬教堂的夢，就畫在布拉格方濟會雪中聖母教堂裡的主祭壇的祭壇畫上。

我把那幅畫指給卡夫卡看，最後說：「這教堂的名字就是從那個神蹟傳說來的。」

卡夫卡聽了回答說：「我不知道有這個故事，不過我從現代的年表記載知道，這座教堂是十五世紀激進的胡斯教派的重要據點。」

我們繼續往前走。

在某個瞬間，卡夫卡臉上露出一抹微笑，隨即抿著嘴脣說：「神蹟和暴力，只是不信神的兩個極端。我們浪擲生命在被動地等待那指引方向的福音，但是它永遠不會臨到我們，因爲我們太過引領期盼，反而將它拒於門外，或者是因爲不耐煩了，於是把所有期盼都扔在一旁，一輩子都沉淪在戰火和血腥的罪行裡。他們都走錯了路。」

我問：「那麼什麼才是對的？」

「就像那樣，」卡夫卡不假思索地指著跪在出口附近的小祭台前的一個老婦人。「禱告。」

他攙著我的手臂，輕輕拉著我走向教堂大門。

我們走到前廊時，他說：「禱告、藝術和科學研究，都只是從同一個爐灶裡竄出來的三種不同的火焰。我們都想要超越眼前個人的種種可能性，突破自己的小我的界限。藝術和禱告只是伸向黑暗的兩隻手。我們乞求，爲的是要把我們自己奉獻出去。」

「那麼科學呢？」

「它和禱告一樣，都是一隻乞求的手。我們縱身投入生死流轉之間的幽微彩虹裡，好將存有安頓在小我的搖籃裡。科學、藝術和禱告都是如此。因此，沉陷在自己心裡，並不是墮入潛意識，而是將那隱約難辨的感覺提升到意識耀眼奪目的表面。」

———

卡夫卡、父親和我，我們站在勞工意外保險局的辦公室窗前。街上有個團體在遊行，他們穿著色彩繽紛的民俗服裝，打著旗幟，演奏銅短管音樂。

我說：「這些人穿著封建時代農奴的制服幹什麼？那個時代早就過去了。」

「你看到了，它還活著，」我父親說：「那是個古老的民族傳統。」

卡夫卡微笑說：「所有偶像崇拜也都是。」

「你是說民族主義嗎？」

「是的，」卡夫卡點頭說：「那也是個宗教的替代物。剛才遊行經過的人們，每個人隨身都戴著一個偶像。從外表看，它很小也無害。在輕鬆自在的啤酒之夜裡，他們出於恐懼和虛榮心，還是會將它緊緊貼在身上。可是我們會看到他們的那些怪物到頭來卻成了他們的十字架，因爲沒有任何東西比用啤酒、口水和報紙做成的泥偶更貪婪的。」

卡夫卡跟我說，布拉格的猶太詩人奧斯卡·包姆（Oskar Baum）[79]小時候上過德語學校。在回家的路上，德國學生經常和捷克學生打架。在打鬥當中，包姆被人用木頭做的鉛筆盒重重砸到眼睛，造成視網膜剝離，從此瞎了一隻眼睛。

「猶太人奧斯卡·包姆作爲德國人而失去了視力，」卡夫卡說：「事實上，他從來都不是德國人，也不曾被承認是個德國人。或許奧斯卡·包姆只是布拉格所謂的德裔猶太人的一個悲劇象徵吧。」

我們談到捷克人和德國人的關係問題。我說，出版一本德語版的捷克歷史，應該有助於兩國的相互了解。

可是卡夫卡揮揮手表示不以爲然。

「那麼做只是徒勞無功，」他說：「有誰會讀呢？只有捷克人和猶太人會讀吧。德國人肯定不會，因爲他們不想認識、理解或閱讀。他們只想佔領和統治，而理解通常只會妨礙統治。人們不認識他們的鄰人，會比較容易壓迫他們，因爲那樣就不會良心不安。所以說，沒有人想要認識猶太人的歷史。」

我反駁說：「不對吧。我們小學一年級就有教聖經歷史，那不就是猶太人的歷史嗎？」

卡夫卡苦笑說：「話是這麼說沒錯，猶太人的歷史也因此成了童話故事，人們長大以後，就把它和童年時光一起拋進遺忘的深谷了。」

在共和廣場，我跟我的朋友李奧・里德勒（Leo Lederer）道別以後，和卡夫卡不期而遇。

「我從特什諾夫（Teschnov）那裡就一直跟在你們後頭，」他在一貫的寒暄以後說：「你們聊得很起勁。」

「李奧跟我聊起泰勒主義（Taylorism）[80]以及工業的分工制。」

---

79 奧斯卡・包姆（Oskar Baum, 1883-1941）早年失明，因而中斷音樂家生涯。他寫了一本有強烈自傳色彩的作品《河畔生活》（*Uferdasein. Aus dem Blindenleben von heute*, Stuttgart-Berlin: Axel Juncker, 1909），後來又出版《通往不可能的門》（*Die Tür ins Unmögliche*, München; Kurt Wolff, 1919）；劇作《奇蹟》（*Das Wunder*, München; Drei Masken Verlag, 1920）於一九二〇年首演。

80 譯注：由腓特烈・泰勒（Frederick Taylor, 1856-1915）提出的一種科學化管理理論，旨在提高工作效率、實施標準化管理。

「那眞是個可怕的東西。」

「先生，你認爲人類會變成奴隸是吧？」

「不只如此。在這個巨大的罪行裡，奴役必須假種種罪惡之手爲之。那是必然的事。在生產過程當中，時間是最重要卻也最不容易測量的部分，它被強制徵收到齷齪的商業利益網裡。如此一來，不只是生產過程，甚至是作爲生產工具的人類本身，也都被汙染而貶低了。於是，泰勒主義式的生活成了一種殘忍的詛咒，人們並沒有得到他們想要的財富和利潤，而只有饑餓和貧困。如此他們只是邁向……」

「邁向世界末日，」我插嘴說。卡夫卡搖頭。

「如果我們能夠這麼斬釘截鐵地說就好了，可惜沒有任何東西是確定的。所以我們什麼也不能說。我們只能吶喊、囈語、喘息。生活從不停止的輸送帶把我們載到某個不知名地方。人只是個東西、對象，而不是個生物。」

卡夫卡驀地站起來，伸出一隻手。

「你看那裡，看到了嗎？」

我們聊著聊著，已經走到雅各街（Jakobsgasse），從街上的一棟房子跑出一隻長得很像毛線團的小狗，穿過馬路，消失在坦帕街（Tempelgasse）的街角。

「眞是一隻可愛的小狗，」我說。

「一隻狗？」卡夫卡慢下腳步，狐疑地問。

「一隻很小的幼犬，你沒瞧見嗎？」

「我看到了。不過那是一隻狗嗎？」

「那是一隻長捲毛狗。」

「一隻長捲毛狗！它可能是一隻狗，也可能是個記號。我們猶太人有時候會犯下悲劇性的錯誤。」

「那只是一隻狗罷了，」我說。

「如果眞的是，那就好了，」卡夫卡點頭說：「但是所謂的『只是』，不過是說話的人的想法。有人認爲那是一團破布或一隻狗，有人卻認爲那是個記號。」

「就像《父親的關懷》（*Die Sorge des Hausvaters*）裡的歐扎第克（Odradek）是嗎？」我說。[81]

但是卡夫卡沒有回答我的話，只是順著他原來的思路接著說：「世上總有一些料想不到的事。」

我們默默穿過泰因霍夫。在泰因教堂的側門前，我說：「布洛瓦寫過，猶太人的悲

81 歐扎第克（Odradek）是卡夫卡一篇短篇小說《父親的關懷》裡的角色，收錄於《鄉村醫師》，另見注45所提到的 Léon Bloy, *Le salut par ler Juifs*。

劇命運在於他們不認得救主。」

「也許眞的是如此，」卡夫卡說：「也許他們眞的不認得他。但是一個讓祂的受造者不認識救主的上帝，未免也太殘忍了。當孩子無法正確思考和說話時，父親總是要想辦法提攜他吧。不過這個話題不適合在街上聊。再說我也快要到家了。」

卡夫卡朝著他父親店舖的方向點了點頭，和我握手道別，就快步消失在金斯基宮（Kinsky-Palais）的角落。

我收到慈幼會（Salesians）的一份雜誌，裡頭報導一座男孩鎭（Boy Towns），是一位愛爾蘭神父弗拉納根（Flanagan）在一九一七年於內布拉斯加州的奧瑪哈（Omaha）興建的孤兒院。[82]

卡夫卡讀了以後說：「我們所有的城鎭和工廠，都是這些誤入歧途的孩子們打造出來的，他們在卑躬屈膝裡找到自由。」

在查理橋上散步，經過小城區（Kleinseitner）橋塔，穿過薩克森街，來到大隱修

院廣場（Großprioratsplatz）。再從那裡走到普羅科庇厄斯街（Prokopiusgäßchen），一直到雞蛋市場（Eiermarkt），也就是現在的小城區市場，沿著布列提斯拉夫街（Bretislavgasse），經過約翰尼斯堡（Johannesberg）的寬敞階梯，走到史波納街（Spornergasse），一路往下，就到了小城區廣場以及電車軌道。

卡夫卡跟我聊起橋上的雕像，要我注意雕像上各種不同的細節，爲我解說古代的房屋、大門、窗框和城堡建築。在查理橋上，他伸出右手指著躲在聖母像後面的一座小天使石像，小天使用指尖捏住鼻子。

「他的模樣，」卡夫卡說：「好像天堂很臭似的。對於一個像天使那樣的天堂裡的存有者而言，塵世的一切應該臭不可聞吧。」

「但是腳邊蹲著天使的那座雕像，」我說：「可是聖母像啊。」

「正是如此，」卡夫卡叫道：「沒有任何東西比母性更世俗也更超越塵世的了。經由分娩的痛苦，一絲新的希望，以及因爲希望而產生的新的幸福可能，就在俗世的塵土裡落地生根。」

我默然無語。

---

82 譯注：艾德華・弗拉納根（Edward Joseph Flanagan, 1886-1948），美國天主教神父。

我們經過荀邦廣場（Schönbornplatz）的雞蛋市場時，卡夫卡說：「這不是一座城市，而是時間海洋的海溝，上頭覆滿了夢和熱情的餘燼瓦礫，我們戴著潛水鐘罩在其間漫步。看起來很好玩，可是時間一久，我們就無法呼吸。我們必須爬上岸，否則肺部就會出血。我在這裡住了很久。我必須走了。我快受不了了。」

「是的，」我點頭說：「到城裡的路不好走。我們必須走過許多老舊的石橋，以及曲折蜿蜒的街巷。沒有直接的路可以走。」

卡夫卡沉默了一會兒，然後以問題回應我的說法，而他自己馬上又提出解答。他說：「我們人生有那麼一條直接的路嗎？所謂直接的路，只是個夢，它只會讓我們誤入歧途。」

我茫然不解地看著卡夫卡。從小城區到波里奇廣場上的勞工意外保險局的路，跟夢有什麼關係？

爲了掩飾我越來越摸不著頭緒的尷尬困惑，我囁嚅地說：「就算搭電車也沒辦法直達吧。我們必須轉車，而且通常要等很久才能搭上接駁的班次。」

可是卡夫卡似乎沒有在聽我說話。他抬高下巴，兩隻手插在灰色薄外套的口袋裡，沿著陡峭的史波納街快步往下坡走，我的個頭只到他的肩膀，必須奮力小跑步才跟得上他。而卡夫卡似乎一直到了小城區廣場才發覺自己在急行軍。

他在電車站前停下來，尷尬地笑說：「我看起來像是要把你甩掉似的。我是不是走太快了？」

「還好，」我一邊回答，一邊用手帕擦拭被汗水濡濕的衣領。「下坡的時候，總是會走得快一些。」

卡夫卡並不以爲然。

「不，不只是山坡的關係。而是我心裡有個險峻的斜坡。我像一顆彈珠似的不停地滾動。那樣的弱點讓人舉止失措。」

「沒有那麼糟糕吧，」我說，但是他搖搖頭。

他的視線越過我，轉向湯瑪士街（Thomasgasse）的街口。然後有點像自言自語地輕聲說：

「老房子之間的靜謐，就像是炸藥包一樣，粉碎了心裡的所有水壩。兩隻腿跑下山，聲音卻一點也不誇張地築起了像山一樣高的形象。內心和外在世界的界限不見了。人們穿過那些街道，就好像穿過漆黑的時間下水道。人們聽見自己的聲音，以爲聽到什麼睿智而詼諧的東西。其實那只是抽搐般地掩飾他們的妄自菲薄。他們輕賤自己，就差沒有從口袋裡掏出紙筆寫一封黑函給自己。」

在湯瑪士街的街口有一列電車緩緩駛近。

卡夫卡宛若從睡夢中驚醒似的。

他說：「這就是我們要搭的路線。我們可以上車了。」話畢，他面露微笑，攙起我的手臂。

我拿了一本阿爾馮斯．帕基（Alfons Paquet）的《俄國大革命的精神》（*Der Geist der russischen Revolution*）到卡夫卡的辦公室，他隨手翻了幾頁。

「你要看看嗎？」我問。

「不用了，謝謝，」卡夫卡隔著桌面把書遞還給我：「很可惜我現在沒空。人們試圖在俄羅斯建立一個完全正義的世界。那是宗教的事。」

「但是布爾什維克主義是反對宗教的，不是嗎？」

「那是因爲它自己就是個宗教。這些調停、叛亂和封鎖，究竟是爲了什麼？它們只是更重大而殘忍的宗教戰爭的小序曲，它就要席捲整個世界了。」

我們遇到一大群舉著旗幟的工人，他們正要去參加集會。卡夫卡說：「這群人這麼

有自信、成竹在胸而興高采烈。他們佔領街道，以爲就統治了世界。可是他們其實搞錯了。在他們背後，有一大堆書記、官員、職業政客，他們只是在替所有這些現代蘇丹的權力鋪路。」

「你不相信群眾的力量嗎？」

「它就在我眼前，一盤散沙而不受控制的群眾力量，而它卻渴望被控制、被組織。到頭來，每個革命的結果，都只會出現一個拿破崙。」

卡夫卡沉默了一會兒才說：「洪水瀰漫的地方越大，積水就越淺、越渾濁。革命會煙消雲散，只剩下新的官僚主義的淤泥。被迫害的人們身上的枷鎖，其實是用辦公室的文件做的。」

任誰一眼都看得出來，卡夫卡在辦公室裡很苦悶。

他時常佝僂著坐在整理得一塵不染的大桌子後面沉思，臉色時而蠟黃，時而慘白。可是當人們問他近況如何，他總是勉強打起精神回答說：「謝謝，我很好。」

他的自我防衛是個有意識的謊言，和卡夫卡的個性大相逕庭，因爲根據我父親和他的一些同事的說法，整個勞工意外保險局裡沒有任何人像這位法務部門的主管那麼執著於眞理和正義。

根據我父親的轉述，卡夫卡曾經說：「如果沒有每個人都認識且因而願意臣服的眞理，那麼任何秩序都只會是個殘忍的暴力，一座在對於眞理的渴求的壓力下遲早會解體的籠子。」

我父親和他的同事在卡夫卡對於眞理的熱愛裡看到一種強烈的道德意志；可是依照卡夫卡自己的說法，那其實完全是另一回事。

以下是我聽到的故事：

初次拜訪卡夫卡時，我一直對他所說的話大表詫異地問道：「那是眞的嗎？」卡夫卡總是在當下輕輕點頭。可是認識他久了，我還是不改以懷疑的問句表示我的詫異。有一次他跟我說：「請你別再問這樣的問題了。你的這句話總是讓我必須赤裸裸地面對自己。我看到我自己的無能。因爲說謊是個藝術，就像其他藝術一樣，它需要人們全力以赴。人們必須完全投入，相信自己所說的謊話，這樣才能說服其他人。謊言需要熱情的火。可是如此一來，它所開顯的東西卻遠遠多過它所遮掩的。我做不到這點。所以，我唯一能躲藏的地方就是——眞理。」

在他輕啓的脣間猶如喃喃自語一般流瀉出一抹促狹的微笑。我也跟著笑了。不過那只是很無力的尷尬微笑。因爲我覺得很慚愧，覺得自己和卡夫卡在一起時說的話眞是膚淺極了，而卡夫卡不久前還跟我說過：「語言是我們心裡堅不可摧的東西的外衣，它比我們活得還久。」

我忘記自己是怎麼結結巴巴地擺脫這個自慚形穢的漩渦，我只知道一點：從那天起，我對自己說的話更加謹慎。不只是在和卡夫卡聊天的時候，而是對所有人都一樣。而我的領悟力更加敏銳。我學會更善於觀察和傾聽。也因爲如此，我的世界更深邃更複雜，卻沒有因而更冷漠而遙遠。正好相反：永無止境的形形色色的人和事物，總是讓我驚嘆不已，也讓我的生命更豐富，更有存在的價值。我在幸福滿溢的感動的海浪裡載浮載沉，久久不能自已。我再也不是個微不足道的公務員的兒子，而是一個人，一個竭力探索世界和自我的人，一個爲人類和上帝奮戰不懈的小鬥士。而這一切我都要感謝卡夫卡。我也因此非常佩服他、尊敬他。他給我的種種強烈的體會，讓我一天天地成長，內心也更自由而充實。那時候的我，最美好的事莫過於待在卡夫卡的辦公室裡，或是陪他散步，走過布拉格的街道、公園和穿堂房屋，如沐春風地聽他說話。

可是我必須承認，有一件小事總是讓我很困惑。就是那句話：「**謝謝，我很好。**」

卡夫卡眞的覺得自己如此命運乖蹇、如此孤單，而不得不以這句陳腔濫調去搪塞好事者的問題嗎？那是在防衛那些不堪其擾的訪客，是一種反彈嗎？

他對我也是如此嗎？

這個念頭一直讓我惶惶不安。所以後來我再也不問卡夫卡他好不好，而且每當有人在我面前問他那樣的問題，而我聽到卡夫卡勉強故作自然地說謊時，我總是覺得很難過。

遇到那些情況，我總是沉不住氣。我會在訪客椅上坐立難安，不停地撥弄夾克上的鈕扣或是我的指甲，隨手抓起報紙或是書本，或者乾脆打起呵欠。

卡夫卡一定也注意到了，而且想了很久，因爲有一次，我不記得是哪一年豔陽高照的一個夏天，他突然跟我解釋爲什麼他要說謊，也就是我唯一聽他說過的那句謊話。

我們散步經過現在火車站底下的市內公園，在環繞著小池塘的鐵欄杆旁站了很久，在深色的水面上，一群有著褐色斑點、黑白綠夾雜的鴨子到處嬉戲，我們也看了站在旁邊的婦人和孩子好一會兒，有一個賣麵包的瘸腿老人，像聖誕老公公一樣的白色鬍子垂到橢圓形的麵包籃子上，他們跟他買了一些圓麵包和焦鹽餅乾棒，掰開以後拋給呱呱叫的鴨群。

「你覺得他們誰比較開心？」卡夫卡問：「是鴨子還是孩子們？」

我回答說：「我覺得是鴨子。牠們得到了糧食，讓牠們維生的東西。」

「那麼孩子們呢？他們一無所獲嗎？」卡夫卡用責備的眼光看著我。「歡樂是人類心靈的糧食。如果沒有歡樂，整個生命就如同死亡一般。」

他轉過身來，對我緩緩說：

「我記得小時候，褓姆威脅我說，如果我不聽話，她就不帶我到公園去看鴨子，以作爲懲罰，我聽了哭得很傷心，躲在餐廳裡櫥櫃和衣櫥之間的一個角落。我在衣櫥後面第一次聽到自己的心臟在胸膛裡不安地跳動著。從小廣場到市內公園的那段路，一直是個充滿驚奇的大冒險。帶著我去冒險的褓姆手上的手套則是途中的主角。褓姆戴著在當時已經算是老舊的褐色漆皮手套。後來她買了一雙新的針織手套，可是我不喜歡那雙，還是喜歡老式的褐色漆皮手套，摸起來總會讓我背脊發涼，感覺很好玩。因此每次散步前，我總是央求她說：『奶媽，拜託妳戴那雙漆皮手套好嗎。這樣子妳牽我的手的時候就像是在撫摸我一樣。』我第一次那麼說的時候，褓姆噗哧笑說：『你眞懂得享受。』從前的我的確如此。後來我再也沒有像褓姆牽著我的手到公園餵鴨子那麼深刻的喜悅和歡樂了。」

說完以後，卡夫卡沉默了好一會兒。

我們抄捷徑走到一條四周有草叢和樹蔭的岔路，它和公園的主要道路平行，極目望去，可以看到當時相當繁華的瑪麗安大道（Mariengasse）的房屋頂部。

我們走在岔路上，經過一張長板凳，上頭坐著三個看起來很像乞丐的人，兩男一女。

其中一個頭髮灰白蓬亂的人，戴著一頂壓扁了的圓頂高帽，深褐色的臉看起來醉醺醺的樣子，他從口袋裡掏出一些菸屁股，把菸草湊在一起，塞到膝間一只髒兮兮的小麻袋裡。

坐在他旁邊的，是一個曬得黝黑的婦人，穿著一件褪色的綠色洋裝，以及一件油膩的黑色男性外套。頭上小心翼翼地裹著一條藍灰相間的手帕，覆蓋住整個頭髮。滿口大黃牙的嘴巴張得老大，把有半塊磚頭那麼大的蛋糕往嘴裡塞。

距離她三步遠的地方，有個乾癟瘦小的老頭佝僂著身體坐著，戴著一頂已經有點斑駁的綠色獵帽和一付老式的金絲邊眼鏡，在我們經過以前，眼鏡就滑落到有點短的鼻尖上三次，他也以同樣機械性的動作，用細瘦的食指把眼鏡往上推了三次。在那同時，他在膝蓋上放了一條紅藍格子手帕，把一堆小銅板放在裡頭細細分類。

我們走過他們身旁時，聽到他們的一段對話，顯示他們的確是乞丐。嘴裡仍然塞滿蛋糕的婦人轉頭問那戴眼鏡的老人說：「今天收穫如何？」

「不錯，還可以！」老人笑說。

「謝天謝地，」那個從菸屁股挑出菸草的男子讚許說：「今天是個好日子。我從伊馬烏斯修院那裡討來了兩碗湯。」

婦人心滿意足地微笑，身體往後仰。「我在查理廣場為一個護士看手相，說她未來運勢大好，她就塞給我幾克朗和兩塊蛋糕。」

「那眞是大豐收啊！」那兩個男子齊聲叫道。

「好啦，你覺得呢？」卡夫卡走了幾步以後問我：「我們有坐在長板凳上的那三個人那麼快樂嗎？」

「我想沒有。」

「是的，」卡夫卡點頭說：「我們的確沒有這麼好的日子。」

「我正要這麼說，」我大笑叫道：「我們沒有在人行道上撿到菸草，也沒有在查理廣場上得到蛋糕。可是我們也沒有爲人看相算命。」

「你是在開玩笑吧，」卡夫卡小聲抱怨說：「可是我是認眞的。快樂並不在於擁有什麼。快樂只是一個心態的問題。我的意思是說：快樂的人不會去看現實的黑暗邊緣。他們的生命感受比死亡意識的蠹蟲啃囓的聲音更加高亢嘹亮。他們忘了人不是在往前走，而是在墮落。他們是如此的心醉神迷。所以說，如果有人問我們過得好不好，那其實是很不得體的。那樣子一點品味也沒有，就好像一顆蘋果問另一顆蘋果說：『寄生在你裡頭的蟲子過得好嗎？』或是一根草稈問另一根草稈說：『你快枯死了嗎？你是怎麼爛掉的？』你覺得這麼說好嗎？」

「那太討人厭了。」我不由自主地叫道。

「你瞧！」卡夫卡抬起下巴，頸部的肌肉像是綳緊的纜繩。

「問人家過得好不好，只會讓人想起死亡，像我這樣的病人尤其無力招架。」

我聽到他濃濁的鼻息。

「也許沒有那麼糟糕吧，」我笨拙地說：「你可以不必想到你的病。」

「我也這麼想，可是我還是想到了它。我沒辦法忘記它。我無法將它拋在腦後。我連一個像樣的工作都沒有。」

「怎麼會呢？」我有點生氣地說：「你不是在勞工意外保險局上班嗎？每個人都很尊敬你……」

卡夫卡打斷我的話：「那不是工作，而是一種腐敗。每個讓人感到眞正積極而有目標的充實生活，總會有著火燄的閃耀和光芒。可是我在做什麼呢？我坐在辦公室裡，那是讓人掩鼻的痛苦工廠，完全感覺不到任何快樂。所以人家問候我的時候，我只能故作若無其事地說謊，而不是像一個被判刑的人一樣——其實我就是——默默地把頭轉開。」

———

我和父親去聽了一場關於俄國情勢的演講，那是馬克思主義學生聯盟[83]舉辦的，地點在位於胥伯納街（Hybernergasse）的社會民主黨民眾活動中心的羅莎講堂（Rosa-Saal），後來我跟卡夫卡提到這件事。

我講完以後，卡夫卡說：「我對政治的東西一點也不懂。那當然是個缺點，我也很想改進。不過我的缺點還眞不少！我連最平常的事都做不好。我很佩服布羅德，他對政治叢林瞭若指掌。他經常和我促膝長談新聞大事。我只是靜靜地聽，就像現在我聽你講一樣，完全搞不懂事情的來龍去脈。」

「是不是我說得不夠清楚呢？」

「你誤會我的意思了。你講得很清楚。是我的問題。戰爭、俄國革命，以及整個世界的苦難，對我而言，就像邪惡的洪水一樣四處漫溢。戰爭打開了混沌的閘門。人類存在的外部鷹架也倒塌了。決定歷史事件的不再是個人，而只是群眾。我們被衝撞、推擠、掃除。我們在承受歷史。」

「你是說，人類不再是世界的共同創造者？」

卡夫卡的上身輕輕晃了一下。

「你又誤會我的意思了。正好相反：人類放棄了對世界的共同工作和責任。」

83 布拉格的「馬克思主義學生聯盟」（Verband marxistischer Akademiker）是一個社會民主政黨，政黨分裂後傾向共產黨，所謂的羅莎講堂是社會民主黨民眾活動中心（Lidovy dum）的中大型演講廳，位於布拉格二區胥伯納街七號。

「那怎麼可能？你沒看到工黨的興起嗎？你沒看到群眾的鼓譟嗎？」

（我的話是在附和那場關於俄國情勢的演講以及我父親的相關評論。）

「正是如此，」卡夫卡說：「運動使我們失去凝視的機會。我們的意識變得很狹隘。因爲沒有注意到這點，我們失去了知覺，雖然我們還沒有失去生命。」

「你是說，人類變得不負責任？」

卡夫卡面露苦笑。

「我們都活得像是個獨裁者似的。可是因爲這樣，我們也都成了乞丐。」

「那麼我們的下場會是什麼？」

卡夫卡聳聳肩，望著窗外。

「各種答案都只是願望和許諾。沒有人可以確定我們的未來會是什麼。」

「如果無法確定，那麼我們的生活會變成什麼樣子？」

「那會是個墮落。或許是個原罪。」

「什麼是罪呢？」

卡夫卡用舌尖潤一潤下脣，回答說：

「什麼是罪……我們知道這個字，也知道怎麼使用它，但是對它的感受和認知早就被拋到腦後了。或許那就是詛咒、被上帝棄絕、無意義的存在。」

這時候我父親走進辦公室，打斷了我們的談話。

道別時，卡夫卡突然以道歉的語氣對我說：「我剛才跟你說的話，你別放在心上。」

我很詫異。對我而言，卡夫卡是我的老師和聽我告解的神父。因此我愼重其事地問他：「爲什麼呢？你剛才說的都是認眞的，不是嗎？」

他微微一笑。

「正因爲如此。我的認眞對你可能是個毒藥，你還年輕。」

我聽了覺得受到侮辱。

「年輕不是什麼罪過吧？我雖然年紀小，但還是有思考的能力。」

「我覺得今天我們眞的是各說各話。不過沒關係。誤解反倒讓你不至於受到我討人厭的悲觀主義的影響，那……就是一種罪吧。」

一九二一年的聖誕節，父親送了我一本書：《人的解放》（*Die Befreiung der*

Menschheit. Freiheitsideen der Vergangenheit und Gegenwart）。[84]

我把這本大部頭的書拿給卡夫卡看，我想大約是一九二三年的春天，他對阿諾德・伯克林（Arnold Böcklin）的《戰爭》以及韋列夏根（W. W. Wereschtschagin）的《骷髏金字塔》這兩幅畫端詳了很久。

「從來沒有人眞正描繪過戰爭，」卡夫卡說：「他們通常只是畫出部分的現象或事件，就像這幅《骷髏金字塔》。可是戰爭眞正可怕的地方，在於它會瓦解所有既存的確定性和習俗。獸性和肉慾到處孳生，扼殺了精神性的事物。它就像癌症一樣。人們的生命不再是幾年、幾個月、幾天、幾小時、幾分鐘，而只有幾個瞬間。甚至在那些瞬間裡，他也沒有眞正活過。他只是意識到生命。他只是存在。」

「那是因爲他死到臨頭了吧，」我說。

「那是因爲他對於死亡的認知和恐懼。」

「那不是同樣一回事嗎？」

「不，不一樣。一個完全領悟生命的人，是不會害怕死亡的。人會害怕死亡，只是因爲他的人生有缺憾。那是一種背棄生命的表現。」

我們談到戰後舉辦的許多國際會議。

卡夫卡說：「這些大型的政治集會只有一般小酒館的水準。他們說話又冗長又大聲，卻幾乎什麼都沒講。那是個喧囂的沉默。而眞正的事實和有意思的東西都是見不得人的事，他們卻隻字未提。」

「你覺得報紙也沒有爲眞理服務嗎？」

卡夫卡露出一絲苦笑。

「眞理是生命裡少數最重要而有價值的東西，那是用錢買不到的。就像愛或美一樣，那是一種禮物。可是報紙總歸是個可以買賣的商品。」

「所以報紙是用來愚弄人們的嗎？」我不安地說。

卡夫卡哈哈大笑，很得意地抬起下巴。

「不，不！世上所有的事物，包括謊言，都是眞理的僕人。陰影是無法讓太陽熄滅的。」

---

84 Ignaz Jezower (hrsg.), *Die Befreiung der Menschheit. Freiheitsideen der Vergangenheit und Gegenwart*, Berlin: Deutsches Verlaghaus Bong&Co., 1921.（共同作者有：Paul Adler, Adolf Behne, Eduard Bernstein, Lec Bloch, August Conrady, Paul Darmstädtler, Alfred Döblin, Max Hochdorf, Paul Kampffmeyer, Ernst Lederer, Friedrich Mücke, Robert Müller, Paul Olberg, Albert Pohlmeyer, A. E. Ströbel。）

——

卡夫卡對於報紙一直抱著懷疑的態度。每次看到我抱著一大疊各式各樣的報紙，他總是微笑不語。

有一回他說：「所謂『被埋葬在報紙裡』，這個說法眞是貼切。報紙堆積起世界的各種事件，一塊石頭接著一塊石頭，一團泥接著一團泥。那是一堆沙土。但是意義在哪裡呢？把歷史視爲一堆事件的累積，那一點意思也沒有。重要的是事件的意義。但是我們在報紙裡找不到，而是在信仰裡，在對於那看似偶然的事物的客觀觀察裡。」

——

有一次，我忘了在什麼場合裡，卡夫卡說，讀報紙是個文明的惡習。「就像抽菸一樣：爲了毒害自己，人們必須付錢給迫害者。」

卡夫卡不抽菸，可是，至少在我看來，他是報紙和雜誌的狂熱讀者。他桌上總是堆滿德語、捷克語或法語的各種期刊，而且在聊天時經常提到裡頭的報導。例如說，我清楚記得卡夫卡對於義大利法西斯主義的評語，那是我們在觀賞一排長腿歌舞女郎的圖片時無意間聊起來的。

我記得那是一九二二年十月或十一月的事。他的桌上攤開一本在維也納發行的重量級戲劇雜誌，裡頭有若干插圖，報導巴黎和柏林最近上演的歌舞劇。

「那些都是舞孃嗎？」我對著插圖裡動作整齊劃一的舞群瞟了一眼，很笨拙地問。

「不，她們是士兵，」卡夫卡回答說：「歌舞表演是戴上面具的閱兵分列式。」

我茫然不解地看著卡夫卡。於是他繼續解釋說：

「普魯士的踢正步和女孩子們的舞蹈，都有個相同的目的。兩者都是在壓抑個體性。士兵和女孩不再是自由的個人，而是一個團體的組合零件，聽從那基本上違反他們本性的命令做各種動作。因此，他們是所有指揮官最理想的部隊，不必解釋什麼，也不必改造什麼。只要一個命令一個動作就夠了。士兵和女孩像木偶一樣列隊前進。那使得原本最渺小的發號施令者顯得威風凜凜。你瞧瞧他！」卡夫卡打開桌子的中間抽屜，拿出一份《周報》（*Die Woche*）雜誌，翻開雜誌，指著上頭墨索里尼的照片說：「這個傢伙有著像馴獸師一樣的方下巴，以及像二流喜劇演員的玻璃假眼珠那樣的嚴肅和深度。總的來說：他其實是個馬戲團的團長，而那些對政治似懂非懂的女孩們看起來就像是觀眾一樣。你瞧瞧她們！」

他翻到下一頁，上頭有一張「進軍羅馬」（Marsch auf Rom）[85]裡齜牙咧嘴的群眾

---

85 譯注：指一九二二年十月墨索里尼和他的法西斯運動的奪權行動。

的照片。「你看到他們的臉了嗎？他們其實非常愉快，因為他們不必思考，而且真的以為羅馬有高官厚祿在等著他們。墨索里尼的群眾不是革命份子，而只是人渣，他們自己碗裡的東西吃不夠，於是把獸爪伸到碗外。」

——

我到卡夫卡的辦公室，裡頭一個人也沒有。桌上有份攤開的文件、擺了兩顆梨的盤子以及幾張報紙，證明他還在大樓裡。我坐在辦公桌旁的「訪客座」，拿《布拉格日報》起來看。

過了一會兒，卡夫卡走進辦公室。

「你等了很久嗎？」

「沒關係。我在看報紙，」我給他看報紙上一則關於「國聯會議」的報導。

卡夫卡露出無奈的表情。

「國際聯盟！那真的是各國的聯盟嗎？我想『國聯』這個名字只是新戰場的一個偽裝吧。」

「你是說國聯不是和平組織？」

「國聯是要將戰爭區域化的一個組織。戰爭其實一直在進行，只是現在用的是其他戰爭工具。商人的銀行取代了師團。經濟的作戰能力取代了工業的潛在戰力。國聯並不是各國的聯盟，而是各個利益團體的交易所。」

———

我跟卡夫卡提到關於戰後賠償的一篇長論。他對報紙看也不看一眼，下脣微微噘起說：「這一切基本上都沒什麼了不起。眞正困難而無法解決的問題，人們反而不知道從何說起，因爲它們涉及了生命的根本難題。。」

———

我們談到報紙上的一篇文章，是關於歐洲危懼不安的和平前景。

「和平協議已經拍板定案了，不是嗎？」我說。

「沒有任何事情是確定的，」卡夫卡說：「林肯說，除非以正義去解決問題，否則沒有任何問題可以一勞永逸地解決。」

「那要等到什麼時候啊？」我問。

卡夫卡聳聳肩。

「誰曉得呢？人又不是神。歷史是由每個微不足道的片刻裡的錯誤和英勇所構成的。拋一顆石頭到水裡，就會激起陣陣漣漪。可是大多數人們在生活裡並未意識到這個超越個人的責任，我想那就是種種苦難的原因。」

「對於馬克斯・霍爾茲（Max Hoelz）事件，你有什麼看法？」我問。

（他是一九二一年德國中部武裝暴動的領袖，在德國邊境外被捕。但是捷克政府拒絕讓他引渡回德國。）

卡夫卡還是聳聳肩。

「以暴易暴，可以為善嗎？用來對抗命運的力氣，其實是很虛弱的。比起來，放棄和默默忍受要強得多了。不過薩德侯爵（Marquis de Sade）不懂得這點。」

「薩德侯爵？」我感到一頭霧水。

「是的，」卡夫卡點頭說：「薩德侯爵，你曾經借我看過一本他的傳記，他其實是我們時代的守護者。」

「不會吧？」

「喔，是的。薩德侯爵的人生快樂是建立在別人的痛苦之上，正如有錢人的奢華是以窮人的悲慘命運為代價。」

為了掩飾我的節節敗退，我打開公事包，給他看梵谷的一幅畫作圖片。

卡夫卡很開心。

「這個咖啡館，襯托著紫羅蘭色的夜空背景，眞是美極了，」他說。[86]「另一幅畫也很美。可是我最欣賞《星空下的咖啡館》。你看過他的素描嗎？」

「沒有，我沒看過。」

「太可惜了。在《療養院書簡集》裡有收錄。你去找來看看。我多麼希望自己也會一點素描。事實上我一直在嘗試素描，不過畫不出什麼像樣的東西。只是個人隨興的圖文創作，畫了一陣子以後，我再也搞不清楚畫那些東西有什麼意義。」

我給卡夫卡看一份維也納週報的週年慶特刊，裡頭有過去五十年來的大事照片。[87]

「這就是歷史，」我說。

卡夫卡抿著雙脣。

「才不是呢！歷史比這些老照片可笑得多了，因爲它們大部分只是官樣文章的照片。」

---

86 卡夫卡很喜歡梵谷的《星空下的咖啡館》（*Le café, le soir*, 79*63, Arles, septembre 1888）。現在收藏於歐特羅的克羅特穆勒國家博物館（Rijkmuseum Kröller-Müller Otterlo）。

87 這裡指的是《維也納畫報》（*Wiener Bilder*）的週年慶特刊。

在這次談話的兩天後，我到卡夫卡的辦公室，他手裡拿著一份文件剛好要離開。我原本想要告辭，可是他把我留下來。

「我很快就回來，」他一邊說，一邊爲我把訪客椅擺好。「你看看報紙吧。」

接著他塞給我一疊德語和捷克語的報紙。

我先是看了一下報紙粗體標題，瀏覽一則關於法院的報導，以及寥寥幾行的戲劇報導，那其實只是幾則戲劇預告。接著我往後翻。在娛樂版裡有連載推理小說。我讀了兩、三行，卡夫卡正好回來。

「看來有許多強盜和偵探陪著你，」他看了一眼我在讀的內容以後說。

我趕緊把報紙放回桌上。

「我只是隨手翻翻這些低俗作品。」

「你把讓報紙編輯最賺錢的文學稱爲低俗作品？」卡夫卡假裝生氣的樣子，一屁股坐在桌子上，不等我回答就接著說：「那可是很重要的商品。推理小說是一種麻醉劑，它改變了所有生活比重，因而讓整個世界倒栽蔥。推理小說總是描寫如何揭開隱藏在不尋常的事件背後的祕密。在現實生活裡卻正好反過來。祕密並不是潛伏在背後。剛好相反，它就赤裸裸地在我們眼前。它是不證自明的東西。也正因爲如此，我們對它視而不見。日常生活就是一部史上最偉大的犯罪小說。我們每一秒鐘都漫不經心地和成千上萬個死人和凶手擦身而過。那是我們生活裡的例行公事。儘管我們已經習以爲常，卻仍然會對某些事物感到驚訝，那麼推理小說就是神奇的鎮定劑，它把我們生活裡的每個祕密都當作一個應該受懲罰的例外現象。所以說，推理小說並不是低俗作品。用易卜生（Ibsen）的話說，它是社會的支柱，是遮掩殘忍暴行的筆挺襯衫前襟，而那樣的暴行卻自稱是中產階級的文明行爲。」

———

我跟卡夫卡談起我的夢：馬薩里克總統在碼頭散步，就像一個平凡的老百姓一樣。他的鬍鬚、夾鼻眼鏡、負在背後的雙手、鬆垮而且往外翻的大衣，我都看得一清二楚。卡夫卡莞爾而笑。

「你的夢和馬薩里克的個性倒很貼切。你或許可以很容易就和這位國家元首不期而遇。馬薩里克的個性很強悍，他幾乎可以完全拋開權力的外在屬性。他是個不愛說教的人，所以看起來很親切隨和。」

我解釋國家民主黨在卡洛林塔區的大會經過，其中主要的發言人是財政部長拉辛

（A. Rašin）。

「他是個好鬥成性的人，」卡夫卡說：「打倒德國人是他的口號，然而他也是應該為民喉舌的人，可是他寧可對他所憎恨的德國統治者阿諛奉承，也不願意傾聽大多數沒有權力的捷克民眾的聲音。」

「為什麼呢？」

「群山彼此相望，而躲在它們的陰影下的窪地和山谷，雖然通常都位在同一個水平面上，卻看不到對方。」

一九二二年，英國人逮捕甘地，印度國大黨最舉足輕重的領袖，對此卡夫卡說：

「現在顯然甘地的運動獲勝了。甘地的入獄只會讓他的政黨發展得更強大。因為如果沒有犧牲者，任何運動最後都會洩了氣，墮落為操奇計贏的利益團體。大河變成小池塘，所有對於未來的想法都在裡頭腐敗。理念在世界裡雖然擁有超越個人的價值，可是終究得依賴個別的犧牲者才能存在。」

我在卡夫卡的桌上看到一份批評外長貝尼斯（**Beneš**）的小冊子，叫作《掃蕩》（*Očista*）。[88]

卡夫卡說：「他們譴責貝尼斯富可敵國，聽起來可悲。貝尼斯是個非常能幹的人。他有那樣的才幹和人脈，當然會致富。他就算是賣襪子或是廢紙也都有辦法發大財。他所操作的對象不是重點。他是商界的巨人。對他自己或是別人而言，這才是最重要的。所以說，這些謾罵形式上或許是正確的，在政治上卻沒有切中要害。他們對那個人開槍，卻沒有瞄準他的所作所為。」

一九二〇年大選前不久，捷克社會民主黨在勞工意外保險局裡發送競選文宣，上頭有社會民主黨主要候選人的生平簡介和照片。

我在卡夫卡那裡匆匆翻閱一下小冊子，然後說：「先生，你不覺得奇怪嗎？他們每個人都一副貪婪的市儈臉孔。」

「不會啊，」卡夫卡漠不關心地回答，隨手就把競選小冊子掃到字紙簍裡。「他們

88　《掃蕩》（*Očista*）是由弗里奇（A. V. Fric）於一九一九至二〇年發行以攻擊捷克外長貝尼斯的。捷克共和國成立後，弗里奇想要當駐墨西哥大使，貝尼斯沒有接受他的毛遂自薦，於是弗里奇印小冊子攻擊他。

是在階級鬥爭裡發戰爭財的人。」

——

聽說勞工意外保險局會進行一些組織重組。[89]我父親正在就這件事寫簽呈。午餐時，他利用報紙空白處作筆記，到了晚上，就把自己關在餐廳裡。

我跟卡夫卡提起這件事，他笑了笑。

「你父親眞是個可愛的老小孩，」他說：「所有相信改革的人也都是。他們不明白，只有透過世界裡的事物的生住異滅，世界的景象才會有所改變。萬事萬物都有生死榮枯，萬花筒裡碎紙花的排列才會改變。只有三歲小孩子才會眞的以爲他們改造了玩具。」

——

我父親談到卡夫卡時總是很保留。從話裡可以看出來，我父親對卡夫卡觀察入微，卻不是很了解他。

相反的，卡夫卡不僅很尊敬我父親，也很了解他的爲人。

「你父親的多才多藝總是讓我驚豔不已，」他有一回說：「事物在他眼裡是如此的眞實。一切都和他如此接近而熟稔。他是個信仰堅定的人，否則不會對世上看起來最簡單的事物那麼熟悉。」

我提到我父親閒暇時喜歡做木工和鎖藝。我用幽默的誇張語氣形容他的熱情和當個木匠的願望。

可是卡夫卡不喜歡我的說話方式。

他皺著眉頭，噘起下脣，很嚴厲地瞪著我說：「不要取笑你父親。你說話的樣子好像是閉起眼睛不想看到美麗事物似的。你只是在掩飾你的驕傲。因爲你以你父親爲榮。你的確應該如此。他的創造力讓人尤其動容，因爲他一點也不驕矜自誇。可是這些事情讓你很難爲情。你取笑他，那是因爲你很遺憾沒辦法和你父親一起做木工和鎖藝。你的微笑？那只是沒有掉下來的眼淚罷了。」

「最近我在讀威弗的舞台詩《鏡人》（*Spiegelmensch*）。」[90]

「我很早就知道這部作品，」卡夫卡說：「威弗分上下兩次爲我們朗誦過。他的語

89 卡夫卡關於波希米亞王國勞工意外保險局的重組所寫的備忘錄，仍存放在上述機構的檔案室裡。

90 Franz Werfel, *Spiegelmensch*. Magische Trilogie. München: Kurt Wolff, 1920.

言固然很美，可是老實說，我不是很懂。威弗是個瓶身很厚的容器。比起內在發酵的東西，從外部機械性地搖晃它，還比較容易發出聲響。」

「他眞的要寫一部關於音樂的小說嗎？」我問。

卡夫卡點點頭。

「是的，他已經寫很久了。聽說是關於威爾第（Verdi）和華格納的小說。只要他來布拉格，一定會爲我們朗誦幾段的。」[91]

「你說話時的表情似乎欲言又止，」我說：「你不喜歡威弗嗎？」

「沒有啊，我很喜歡他的，」卡夫卡熱情地說：「我從高中就認識他了。布羅德、威爾屈、威弗和我，時常結伴去郊遊。我們當中就數他年紀最小，或許因爲如此，他也總是最認眞的那一個。青春在他體內熱血沸騰。他會在我們面前朗誦他的詩作。我們躺在草地上，瞇起眼睛看太陽。那眞是個美麗的時光，我只要回憶起那個時候，總會很懷念威弗和當時的其他夥伴。」

「可是你很傷感的樣子，」我說。

卡夫卡微微一笑，彷彿深表歉意。

「悲欣交集的美麗回憶最是甜美。我其實不是悲傷，只是貪著歡樂。」

「這就是法蘭茲．布萊所說的『苦草根』。」

我們一起哈哈大笑。但只是一瞬間。

卡夫卡立刻又變得嚴肅起來。

「事實上，那完全是兩碼子事，」他說：「當我想到，關於我最好的朋友的愛以及音樂，其實我一無所知時，一種輕微的、苦樂參半的悲傷總會襲上心頭。它只是一陣輕風，死亡的氣息，轉瞬間就消逝無蹤。可是我因此明白到，我和我最親愛的人竟然相隔如此遙遠，臉上忍不住就露出陰鬱的表情，這點要請你原諒。」

「我有什麼好原諒的？你什麼也沒做啊。相反的，我應該爲了我窮追不捨的問題向你道歉。」

卡夫卡笑了笑。

「最簡單的解決辦法：你也分擔部分的責任吧。我要賄賂你。」

卡夫卡打開辦公桌的抽屜，給我一本「島嶼出版社」的彩色精裝小書。

「《沙漠教父言行錄》（*Was sich Wüstenväter und Mönche erzählten*），」我大聲唸出書名。

「這本書很感人，」卡夫卡說：「我看得津津有味。修士們在沙漠裡流浪，可是他

---

91 見：Franz Werfel, *Verdi. Roman der Oper*. Wien: Paul Zsolnay, 1942。

們心裡沒有沙漠。那就是音樂！你把書留著，不必還給我了。」

——

卡夫卡可以用一句話立刻指出爭端的問題所在。可是他從來不顯露出他的才智或幽默。從他嘴裡說出來的話，聽起來總是讓人覺得就是這麼簡單、顯而易見而且自然。他沒有什麼特別的措辭、表情或語調。卡夫卡的整個人格就足以撼動聆聽者。他是如此的安詳寧靜。可是他有一雙熱情而炯炯有神的眼睛，每次我只要一提到音樂以及他的作品時，他總會難為情地眨眼睛。

「音樂對我來說就像大海一樣，」有一次他說：「我完全懾服，心醉神迷，既歡喜又害怕，非常害怕它的無限性。我是個差勁的水手。布羅德則剛好相反。他一頭栽進音樂的河流裡。他是個游泳健將。」

「布羅德是個愛樂者？」

「他對音樂的理解很少人比得上。至少諾瓦克（Vítězslav Novák）[92]是這麼說的。」[93]

「你認識諾瓦克？」

卡夫卡點點頭。

「很短的一段時間。諾瓦克以及其他許多捷克作曲家和音樂家，和布羅德一直有往來。他們很喜歡他。他也很喜歡他們。只要他能力所及，總是對他們傾囊相助。這就是布羅德的作風。」

「這麼說，布羅德的捷克語說得很好囉？」

「他說得好極了。我很羨慕他這點。你瞧……」

卡夫卡打開辦公桌的側邊抽屜。

「這是兩年份的《我們的語言》（*Naše Řeč*）雜誌。[94]我認眞研讀過。很可惜我不是每一期都有。眞希望我能擁有完整的合訂本。語言是家鄉的呼吸聲音。可是我……我是個嚴重的氣喘病患，因爲我既不會捷克語，也不會希伯來語。這兩種語言我都正在學。不過就像追夢人一樣，我們向外尋尋覓覓，怎麼找得到來自內心的東西呢？」

卡夫卡關上抽屜。

「猶太區的卡芬街，我出生的地方，離家鄉眞是無限遙遠啊！」

「我出生在南斯拉夫，」我說，因爲卡夫卡的眼神讓我很感傷。

---

92 譯注：維捷斯拉夫．諾瓦克（Vítězslav Novák, 1870-1949），捷克最有名的作曲家之一，新浪漫樂派先驅。

93 維捷斯拉夫．諾瓦克是現代音樂的領袖人物。正如布羅德對雷奧．揚納捷克（Leo Janacek）一樣，他對諾瓦克的音樂的推廣也不遺餘力。

94 《我們的語言》是一份研究捷克語言的刊物，主導者是總編輯哈勒教授（Miroslav Haller）。

可是卡夫卡緩緩搖頭。

「從猶太區到泰因霍夫的距離要遠得多了。我彷彿是來自另一個世界。」

——

有一天下午，我忘記確切的日期，我們從舊城廣場經過巴黎街，閒逛到莫爾道河，卡夫卡突然駐足在一所猶太會堂前面，很突兀地說：「你看到那座會堂了嗎？聳立在它四周的建築物把它比下去了。夾雜在現代的房屋當中，它只是一個年代久遠的異類，一個外邦人。所有猶太人也是如此。那是仇恨的緊張關係的原因，日積月累，最後總是爆發侵略的行爲。我認爲猶太人貧民區原本是很粗糙的懷柔手段。猶太人想和陌生的世界隔離，可是猶太人區的圍牆只會使得關係更緊張。」

我打斷他的話說：「那的確很瞎。猶太人貧民區的圍牆只會製造更多的外邦人。現在圍牆不見了，可是反閃族主義依舊猖獗。」

「圍牆不停地被人往內移，」卡夫卡說：「現在猶太會堂已經低於大街的地平面。可是人們還不停手。他們要消滅猶太人，好將猶太會堂夷爲平地。」

「我才不信呢，」我叫道：「誰會這麼做？」

卡夫卡轉過頭來看著我，臉上隱隱有悲傷的神情，雙眼黯淡無光。

「捷克人不是反閃族主義者，」我說：「他們不會被人煽動去集體屠殺猶太人。他們不是驕傲自大的意識型態的上癮者。」

「沒錯，」卡夫卡聲音平淡地說，繼續往前走。「捷克人自己也只是列強的存在空間裡的異類。因此他們多次扼殺捷克人的靈魂，想要消滅捷克人的語言，進而消滅掉整個民族。可是從塵土來的東西，是沒辦法以暴力去瓦解的。萬事萬物的原始種子會一直存在著。塵土是永恆的。」

卡夫卡緊閉的嘴脣發出一個幾不可辨的聲音。我不知道他是在咕噥什麼或是在咯咯笑。我端詳他的臉孔。他卻開始和我聊起我集郵的事。

又有一次，我們談到捷克的語言純正主義者，他說：「捷克語最大的困難在於如何將它和其他語言劃分開來。它還很年輕，我們必須小心呵護它。」

「音樂總是創造新的、更精緻的、更繁複的、因而更危險的魅力，」有一次卡夫卡如是說：「而詩則是要將那些魅力汰粕存菁，認識它們，過濾它們，從而使它們更人性

化。音樂是感性生命的複製。而詩則是要馴服它、昇華它。」

我試著把我剛讀過的一部戲劇作品的思想內容講給卡夫卡聽。

「這一切都是這麼直接地說出來嗎？」卡夫卡問。

「沒有，作者試著以比喻去表現事物。」

他點點頭說：「是的。如果只是單純說出來的話，那太少了。我們必須去體會事物。語言是個重要的中間人，是有生命的東西，一個媒介。可是人們不能只是把它當作工具，也必須去體會它、忍受它。語言是永遠的情人。」

———

談到表現主義詩人的詩選和作品時[95]，卡夫卡說：「這本書讓我很感傷。詩人向人類伸出手來。人類看到的卻不是友善的手，而只是緊握的拳頭，對準他們的眼睛和心窩。」

———

我們談到柏拉圖的《法律篇》，我讀的是歐根．狄德里希（Eugen Diederich）出版社的版本。

柏拉圖說，詩人應該被趕出他的國家社會，對此我很不以爲然。

卡夫卡說：「他的主張完全可以理解。詩人試著給人類另一雙眼睛以改變世界。因此他們其實是國家裡的危險份子，因爲他們想要改變。而國家以及由它產生的僕人則只想要維持現狀。」

有一次我們行經格拉本大街，看到諾格包爾書店（Neugebauer）的櫥窗裡有一小張黑白海報，是神智學者魯道夫．史坦納（Rudolf Steiner）[96]的演講預告。[97]

卡夫卡問我是否認識他。

「我不認識他，」我說：「我只知道有這個人。我父親說他是個神祕學家

---

95 見注22。

96 譯注：魯道夫．史坦納（Rudolf Steiner, 1861-1925），奧地利哲學家、社會改革者、通靈者，人智學創立者，是以德國觀念論和神智學為基礎的靈性運動，嘗試整合科學和神祕主義，在社會實踐方面，包括華德福教育、生機農業和人智學醫療。

97 魯道夫．史坦納是人智學創立者，間或到布拉格來，有許多德裔和猶太裔的學圈和家庭團體支持他。

（Mystagoge），他向有錢人獻殷勤，虛構了一個宗教替代品。」

卡夫卡默然不語，對我所說的話一副若有所思的樣子，當我們轉進赫倫街（Herrengasse）時，他才說：「所謂『替代宗教』（Ersatzreligion），這個概念很可怕。我不是說這種東西不存在。正好相反，我們有一大堆替代宗教，不外乎種種幻想和迷信。」

「你如何區分正見和幻想呢？」

「從他們的實踐。唯有透過日常習俗，神話才會成爲眞實的而且有作用，否則就只是讓人迷惑的幻想遊戲。所以說，神話經常會和習俗結合在一起，也就是一種儀式。宗教的繁文縟節會越來越簡化，可是它本身絕非單純的事物。它要求犧牲奉獻。人們尤其必須放棄一部分的安逸生活，而有錢人尤其難以接受這點。因此他們開始尋找方便的替代品。所以說，你父親是對的。可是一個眞理基礎可能有替代品嗎？」

「不可能，」我附和說：「那樣就誤入歧途了。」

「當然囉，正如空氣之於身體，對於靈魂以及身體而言，眞理是不可取代的，」他微笑說：「在創世的時候，並沒有所謂的分工。它既是全體的，也是個體的。個殊領域的劃分，是人類虛構出來，對於全體的無垠大海，對於昨日、今日和明日，他們望之卻步。可是神智學，對於意義的熱愛，無非對於全體性的渴望。人們在找出一條路。」

「史坦納指出那條路了嗎？」我問：「他究竟是個先知，抑或是個江湖郎中？」

「我不知道，」卡夫卡解釋說：「我不清楚這個人。他是個辯才無礙的人。不過這種本事也是騙子的基本技能。我不是說史坦納是個騙子。但是也不無可能。騙子總是想辦法用很廉價的方式去解決問題。史坦納所探討的是人類最困難的問題。那是意識和存有之間的黑暗裂縫，是有限的水滴和無限的大海之間的緊張關係。對此而言，我覺得歌德的看法才是對的。我們必須對不可知的東西心懷敬意，而以循序漸進的方式吸收那可知的東西。無論芥子或須彌，都和一個人息息相關，而且有它們的價值。」

「史坦納也這麼認爲嗎？」

卡夫卡聳聳肩說：「我不知道。不過或許錯不在他，而是在我。我對史坦納太陌生了。我沒辦法接近他。我太過作繭自縛了。」

「你是一隻蛹吧，」我笑說。

「是的，」卡夫卡認眞地點頭說：「我被困在像鐵一樣硬的蜘蛛網裡，根本不敢指望哪一天會有蝴蝶破繭而出。而這也是我的錯，或者說，是一犯再犯的絕望的罪。」

「包括你所寫的作品嗎？」

「那只是一些嘗試，就像被拋在風中的紙屑一樣。」

我們走到郵政總局對面的街角。

卡夫卡和我握手說：「很抱歉，我和布羅德有約。」說完就大步匆匆穿過車道。

——

我陪卡夫卡從辦公室散步回家。

他父母親家在舊城廣場，我們在門口和威爾屈以及布羅德夫婦不期而遇。眾人閒聊了幾句，相約晚上去拜訪奧斯卡．包姆。

卡夫卡的朋友離開後，他突然想到我是第一次見到布羅德夫人。

「我居然沒有替你們介紹，」他說：「眞是抱歉。」

「沒關係啦，」我說：「至少我總算見到她了。」

「你喜歡她嗎？」卡夫卡問。

「她有一雙美極了的水藍色眼睛，」我說。卡夫卡很驚訝。

「你一下子就發現了？」

「我喜歡研究人們的眼睛。比起話語，它們告訴我更多東西，」我煞有介事地說。

可是卡夫卡沒有注意聽。他神色凝重地望著遠方。

「我的朋友們都有一雙很美麗的眼睛，」他說：「他們眼睛裡蘊藉的光華，是我所生活的黑暗地牢裡唯一的光線。雖然那也只是人造光。」

語畢他哈哈大笑，和我握手道別後就走進屋子。

有一次卡夫卡談到讓他很痛苦的失眠症：「隱藏在失眠背後的，或許只是對死亡的極度恐懼。也許我害怕的是，在睡夢中離我而去的靈魂再也回不來了。也許失眠是因爲罪惡感太清醒了，也許是害怕可能即將到來的審判。也許失眠本身就是個罪。也許它是在拒絕自然的東西。」

我說失眠是一種病。

卡夫卡回答說：「罪是所有疾病的根源。它也是我們難逃一死的原因。」

我和卡夫卡一起到格拉本大街上的一家畫廊看幾個法國畫家的聯展。裡頭有幾幅畫是畢卡索的：立體派的靜物畫，以及有著一雙大腳丫的粉紅色婦女。

「他眞是個愛搞怪的漫畫家，」我說。

「我不覺得如此，」卡夫卡說：「他只是把那些還沒有被我們意識到的畸形事物畫出來而已。藝術是一面鏡子，有時候會像時鐘一樣『走太快了』。」

———

一九二一年春天，布拉格購置兩具剛發明的自動照相機，可以連拍一個人至少十六種不同的表情。

我帶了一連串拍攝的照片去找卡夫卡，興高采烈地說：「只要花幾克朗，就可以拍攝自己的各種角度。這具照相機眞是『認識你自己』的機器。」

「你想說的是『看不清自己』吧，」卡夫卡微微一笑。

我抗議說：「爲什麼呢？照片不會騙人吧？」

「誰跟你說的？」卡夫卡把頭偏一邊說：「攝影使人只看到表面。所以它通常會遮翳隱藏在背後的本質，就像光影效果一樣，只有透過事物的輪廓，才能隱約窺見那本質。即使是最銳利的鏡頭，也無法捕捉它。人們必須憑著感覺去摸索。還是你以爲，那深淵一般的眞實，多少世代以來，許許多多滿懷不安的渴望和期待的詩人、藝術家、科學家以及其他魔法師遍尋不著的眞實，只要按下那具便宜的照相機的快門，就可以掌握到那不斷後退的眞實嗎？我很懷疑。這具自動照相機恐怕沒有給人類更多的眼睛去看世界，而只是給我們簡化的浮光掠影罷了。」

我給卡夫卡看一些構成主義繪畫的照片。

卡夫卡說：「這些只是美好的美國夢，夢想著一個充滿無限可能性的魔幻國度。這完全可以理解，因爲歐洲已經漸漸成了形格勢禁、處處受限的地方。」

我們看了一本格羅茨（George Grosz）的政治畫集。[98]

「這裡頭都是仇恨，」我說。

卡夫卡露出詭異的微笑。

「失望的青年，」他過了一會兒才說：「那是因爲無法去愛而產生的恨。它的表現力量來自一個很明顯的缺憾。那就是這些素描裡的絕望和暴力的根源。話說回來，我還在一份年鑑上看過格羅茨的一些詩。」

卡夫卡指著那些圖畫說：「這是用繪畫表現的文學。」

98 George Grosz, *Das Gesicht der herrschenden Klasse*. Berlin: Malik-Verlag.

有時候卡夫卡會像頑固而熱情的塔穆德學者（Talmudist）一樣，一頭栽進概念的褊狹字義裡，對他而言，那不是關於事態的語音符號，它本身就是個自律的、顛撲不破的眞理。

「語詞必須明確而嚴格地限定範圍，」有一次卡夫卡說：「否則我們一不小心就可能會掉下深淵。不但沒辦法拾級而上，我們可能會陷入混沌的泥淖裡。」

所以卡夫卡最受不了的事，莫過於含混的、不明確的、不負責任的、信口雌黃的話語。在這樣的情況下，他的聲音總會變得尖銳而嚴厲，那對他是極不尋常的事。而導火線經常是一個很普通的、不重要的語詞，或是在別人眼裡無關緊要的事。

有一次我就看到他在辦公室裡心煩意亂地瞪著一本很厚的褐皮書。他只是輕輕點頭和我問候一下，跟著就抱怨起來：「你瞧他們在我桌上擺了什麼東西？」

我看了桌面一眼，回答說：「一本書啊，」

可是他不耐煩地說：「是啊，一本書。不過它其實是個空洞的、言之無物的贋品。它是人造皮精裝書。也就是說：它既沒有藝術的痕跡，也不是眞皮的。就只是一堆紙。至於書裡面，你自己瞧瞧吧！」

——

他把書打開。

我看到裡面灰黃色的辦公用紙，上頭一個字也沒有。

「裡頭什麼也沒有！」卡夫卡氣憤地說：「他們是要跟我暗示什麼嗎？這個書不像書的東西是什麼意思？我才離開辦公室幾分鐘。回來的時候，這個東西就已經在桌上了。」

「也許，」我小心翼翼地說：「這個東西不是要給你的。就我所知，檔案室的工友賽德會做裝訂。你打個電話給他，也許這本書是他爲別人做的。」

卡夫卡聽我的建議打了電話，得知賽德放了一本假皮精裝書在桌上，是要給特列莫的。因爲卡夫卡的這位同事偶爾會把辦公用紙裝訂成冊，當作他的個人札記。

卡夫卡這才釋懷。他雙手攤放在桌上，若有所思地盯著那本假皮精裝書，我把它擺在特列莫的辦公桌上。接著他緩緩轉頭望著我，像害羞的小學生似的赧然微笑，心裡掙扎了很久，好不容易才輕聲說：「你一定覺得我的舉止很瘋狂。可是我沒辦法。我對一切虛假的表象有莫名的恐懼。所謂的『彷彿』，總是惡的陷阱。你可以看到它如影隨形地跟著你。世上再也沒有比假象更惱人的東西了，它會顚覆人們所有的印象。」

——

我不清楚以前的奧匈帝國關於電影工業的規定。但是在捷克第一共和國時，必須持有特別的電影院執照才能開電影院。而且原則上不授與個別的自然人，而必須是「本國法人」，例如消防隊、體操協會以及其他「公益團體」，他們再以固定金額或是抽成的方式租給財力雄厚的企業。

於是，電影院執照就成了有價證券，它的行情和利潤在捷克第一共和時期年年上漲，因爲經歷了第一次世界大戰的物資匱乏以後，大眾階層對於娛樂事業的需求如渴驥奔泉。因此持有許可證者就藉由出租電影院執照大發利市，而那些團體裡的活躍份子也開始得意忘形，堅持向他們租用執照的電影院必須以他們的公益團體或本國法人的名稱命名。

於是，所有由捷克體操協會授權的電影院，在所有城市和村莊裡，都叫作「獵鷹」（Sokol）。在勞工意外保險局附近，有一家由捷克退伍軍人協會出租執照的電影院，就叫作「西伯利亞」（Sibir），以紀念到俄羅斯作戰的軍人。社民黨的電影院叫作「里多比歐」（Lido-Bio），是「人民電影院」（Lidový biograf）的縮寫。

除了這些一目瞭然的電影院名稱，在捷克第一共和國裡，許多電影院的名稱也相當另類。例如在一個重要的工業區裡，最大的電影院就叫作「健康」（Sanitas），他們的執照是屬於紅十字會的。可是很多人都不知道。相反的，整個共和國的人都知道

「Sanitas」是一家疝氣帶工廠的商標。因此，許多好事者就把紅十字會的電影院叫作「急救電影院」或「綳帶電影院」。

所有電影院的名字當中，最荒謬的莫過於布拉格工人區齊茲科夫（Žižkov）裡的一家小電影院，門上招牌寫著「盲人電影院」（Bio slepcu），因爲它的電影院執照屬於視障者關懷協會。

我跟卡夫卡講到電影院的事，他先是瞪大眼睛，隨即捧腹大笑，我從來沒見過他笑得這麼大聲，後來也沒有。

然後他說：「盲人電影院！所有電影院本來應該都叫這個名字的。閃爍的影像只會讓人們看不見眞實罷了。你是怎麼發現這家盲人電影院的？」

「我在那裡打工，」於是我把事情的原委告訴卡夫卡。

齊茲科夫的盲人電影院原本是一座舊穀倉，一個從美國回來的捷克移民把它買下來，改建成很簡陋的電影院。因此附近的居民戲稱它爲「穀倉電影院」。這裡的電影院不是裝潢華麗的戲院，而只是空蕩蕩又寒傖的秣槽，鄰近的居民經常只穿著拖鞋，沒穿襯衫，就跑來看電影，很粗鄙地批評正在放映的電影。

電影院老闆在每次放映時都會站在樂團旁邊（頭上戴著很大的圓頂帽），他總是把這些批評視爲對他個人的侮辱，怪聲怪氣地反脣相譏。

如果還有人在黑暗的大廳裡說三道四，他就會帶著兩個身材魁梧的引座員衝到觀眾席，把批評者揪出來，拽到門口，這時候他習慣會咆哮說：「滾出去！這裡不是下流的酒館，而是一座戲院。你們聒噪個不停，侮辱了這裡有教養而安靜地坐在座位上的觀眾。所以你給我滾出去！我說的沒錯吧？」

最後一個問題是說給其他觀眾聽的，他們就像古代的合唱隊一樣齊聲附和。

「對！滾出去！給他一個耳光！靜一靜！繼續放電影吧。」

於是那個大放厥詞的批評者在音樂的伴奏下被攆出去，因爲他們在扭打當中，電影院的小樂團依然從容不迫地繼續演奏著。每個樂手都有義務堅守崗位。在任何交談或叫喊的情況下都得繼續演奏下去，是他們工作契約的一部分，此外，他們所簽的契約總是很苛刻的。

盲人電影院在工作日只放映一場晚場。週末也只放映三場。樂手的收入很微薄，因爲他們是按場計酬的。所以盲人電影院的樂手都是兼職的，他們各自有其他工作，只是把樂隊演奏當作聊勝於無的副業。我以前的同學歐達（Olda S.）也是樂團的樂手，他每天都在溫策爾廣場的一家藥局當店員，晚上才到齊茲科夫的穀倉電影院擔任第二小提琴手，演奏進行曲、輕歌劇旋律、間奏曲、歌劇選粹、華爾滋以及其他樂曲。

有一回，我忘記是什麼時候了，盲人電影院裡的風琴樂手（他年紀很大，有酒癮，以前是個老師）在排練時中風，從椅子上跌到地板，小樂團一時找不到替補的風琴樂手，於是歐達找我幫忙。因爲我的演奏能力符合他們的要求，他們馬上給我一紙合約，我就在穀倉電影院工作了一陣子，擔任風琴手，彈奏像氣喘病一樣呻吟的木管樂器。

每次演奏的酬勞是二十克朗，那對我而言已經是一大筆錢了，我用第一個禮拜的薪水將卡夫卡的三篇短篇小說，《蛻變》、《判決》和《火伕》，裝訂成深褐色皮的精裝書，書封上有燃燒的荊棘圖案，底下以優雅的燙金字體印著「法蘭茲·卡夫卡」。

我跟卡夫卡講述穀倉電影院的事情時，那本書就在我的公事包裡。我很驕傲地從手提包裡拿出那本書，隔著桌子把它遞給卡夫卡。

「這是什麼?」他詫異地問。

「這是我第一個禮拜的薪水。」

「那不會太浪費了嗎?」

卡夫卡眨了眨眼，嘴角斜一邊。他看了燙金名字幾秒鐘，隨意翻了幾頁書，看起來很生氣的樣子，把它放回我面前的桌上。

我本來想問他爲什麼不喜歡這本書，可是他開始咳個不停。

他從夾克裡掏出一條手帕摀住嘴巴，咳完以後又塞回去，站起來走到後面的洗臉台洗手，擦乾後對我說：「你太抬舉我了。你對我的信任我擔不起。」

他坐在辦公桌上，一隻手撐著太陽穴說：「我不是燃燒的荊棘。我不是火燄。」[99]

我打斷他的話說：「你不可以這麼說。那不公平。就拿我說吧，你就是火燄、溫暖和光。」

「不，不！」他大搖其頭說。「你錯了。我的隨興塗鴉不值得裝訂成硬皮書。那只是我個人的惡夢，根本不應該付印的。他們應該把它銷毀。它一點意義也沒有。」

我聽了很生氣。「誰跟你說的？」我不假思索地反駁說：「你怎麼可以這麼講呢？你可以預見未來嗎？你現在跟我說的，只是你主觀的感覺。你今天所謂的塗鴉，也許明天就成了世界上意義深遠的聲音。現在誰知道呢？」

我深吸一口氣。

卡夫卡呆望著桌面。嘴角掛著兩條短而深的陰影。

我對自己的激烈反應很不好意思，於是以略帶解釋的平靜語氣說：「你記得在畢卡索的畫展上你對我說的話嗎？」

卡夫卡茫然不解地看著我。

我繼續說下去：「你說藝術是一面鏡子，就像不準的時鐘一樣，有時候會走得太快。就像盲人電影院一樣，也許你現在所寫的東西，是未來的一面鏡子。」

「請別再說了，」卡夫卡很苦惱地說，用兩手遮住眼睛。

我道歉說：「很抱歉，我不是要惹你生氣。我太笨拙了。」

「不，不是你的錯。」他上身前後搖晃，兩手仍舊遮住臉龐。「你說得對，一點也沒錯。或許我就是因爲這樣才會一事無成。我在眞理面前退縮。可是我有別的辦法嗎？」

他的雙手不再遮住眼睛，握拳撐著桌面，彎著身體，壓低聲音說：「如果你不能給人任何幫助的話，就應該保持沉默。沒有人可以因爲自己的絕望而使病人的情況雪上加霜。所以說，我的塗鴉其實應該銷毀才對。我不是光。我迷失在自己的荊棘裡。我自己就是個死胡同。」

卡夫卡向後仰，雙手無力地擱在桌面上。他閉上眼睛。

「我不相信，」我自信滿滿地說，可是馬上又補上一句：「就算是這樣，可以告訴人們哪裡是死胡同，也是値得的。一定有人走上和你一樣的路吧。」

卡夫卡緩緩搖頭說：「不，不……我很虛弱，而且我累了。」

「你應該辭掉這裡的工作，」我輕聲地說，好緩和我跟他之間的緊張氣氛。

卡夫卡點點頭。

---

99 譯注：「耶和華的使者從荊棘裡火焰中向摩西顯現。摩西觀看，不料，荊棘被火燒著，卻沒有燒毀。」（《出埃及記》3:1）

「是的，我早就應該辭了。以前我老是想躲在辦公桌後面，可是那只會讓我更軟弱。變成……」卡夫卡看著我，臉上露出難以筆墨形容的苦笑。「盲人電影院。」

語畢他又閉上眼睛。

這時候傳來敲門聲，讓我鬆了一口氣。

我帶了幾本在諾格包爾書店買的新書給卡夫卡看。

他翻了一下格羅茨的一本書，裡頭還有插畫，然後他說：「這是以前對資本家的看法，一個胖子戴著圓頂高帽，坐在從窮人那裡搜括來的錢堆上。」

「那只是一個比喻，」我說。

卡夫卡皺起眉頭。

「你說『只是』嗎？在人類的思考裡，比喻成了眞實的摹本。而那當然是不對的。可是我們已經積非成是了。」

「先生，你是說這幅插畫不對嗎？」

「我不是這個意思。它既是對的也是錯的。它只在某個面向上是對的。而它的錯誤在於它以偏概全。戴圓頂帽的胖子騎在窮人的脖子上。那並沒有錯。可是說胖子是資本主義，就不完全正確了。胖子在某個體系框架下支配窮人。可是他不是體系本身。他甚至不是體系的支配者。相反的，那個胖子也戴上了在畫裡看不見的枷鎖。那幅插畫並不完整。所以說它畫得不夠好。資本主義是個依賴性的體系，從裡到外，從外到裡，從上到下，從下到上。一切都是相互依賴的。一切都受到制約。資本主義是世界和靈魂的一個狀態。」

「那麼如果是你，你會怎麼描繪它？」

卡夫卡聳聳肩，慘然一笑。

「我不知道。我們猶太人本來就不是畫家。我們無法描繪靜物。我們總是佇立在河流裡，始終遷流不定。我們是說故事的人。」

一個職員走進辦公室，打斷我們的談話。

那個不速之客離開辦公室以後，我想回到原來那個有趣的話題。可是卡夫卡總結說：「我們就到此爲止吧。一個說故事的人沒辦法談說故事這件事。他要嘛說故事，要嘛就保持沉默。就是這樣。他的世界或者在他心裡開始響起，或者沉沒在寂靜裡。我的世界漸漸闇啞。我已經油盡燈枯了。」

———

我給卡夫卡看我朋友伏拉第米爾・席克拉（Vladimír Sychra）[100]為我畫的肖像畫。卡夫卡看得津津有味。

「這素描畫得眞棒，非常寫實。」他不只一次地說。

「你是說它像攝影一樣忠實嗎？」

「你怎麼會這麼想呢？沒有任何東西比攝影更會騙人的了。然而眞理是內心的事。人們只有透過藝術才能接近眞理。」

——

「眞正的現實總是超越現實的，」卡夫卡說：「你瞧中國彩色木雕的澄澈、凝練和眞實。可以那樣子說話的話，應該很了不起吧！」

——

卡夫卡不只很欣賞中國古代繪畫和木雕藝術，他也很喜歡中國古代哲學以及宗教作品的格言、寓言和機鋒故事，他讀的是德國漢學家衛禮賢（Richard Wilhelm-Tsingtao）的翻譯。[101]

有一次我拿了一本《老子》到勞工意外保險局。卡夫卡興致勃勃地翻閱那本紙質很差的小書，把它放在桌上，然後說：「我一直在鑽研道家哲學，只要有翻譯作品，我都會找來看。耶拿（Jena）的狄德里希出版社關於這方面所有的德文譯本，我幾乎都有。」[102]

爲了證明他的話，他打開書桌邊櫃，拿出五本印有黑色花體字的黃色布面精裝書來，擺在桌上給我看。

我一本一本拿起來看：孔子《論語》、《中庸》、老子的《道德經》、列子的《沖虛至德眞經》和莊子的《南華眞經》。

「這是不得了的寶藏啊，」我把書放回桌上說。

「是啊，」卡夫卡點頭說：「德國人做事實在很認眞澈底。他們做什麼事都像是在興建博物館一樣。這五本書只是整個文庫的一半。」

「其他的你都會補齊吧？」

「不會。我有這幾本就夠了。那是一片汪洋大海，人們很容易就淪爲波臣。孔子的

---

100 伏拉第米爾・席克拉（Vladimír Sychra, 1903-1963），捷克最重要的現代畫家，創立曼內斯（Manes）畫會。他是造型藝術學院的教授。

101 譯注：衛禮賢（Richard Wilhelm-Tsingtao, 1873-1930），德國漢學家，曾到過中國，取名為衛禮賢，翻譯過《老子》、《莊子》、《列子》。

102 耶拿的狄德里希出版社出版的中國古代思想家叢書凡十冊，由德國漢學家衛禮賢從中文直接譯為德文，收錄古代宗教、哲學、中世紀國家和自然哲學，以及道家各派。

《論語》還算有跡可循，可是後面的幾本就像是羚羊掛角，一切都漸漸消融在黑暗裡。老子的語錄活脫是硬得跟石頭一樣的胡桃。我非常喜歡它，可是那胡桃核怎麼樣也撬不開。我反覆讀了好幾遍。可是我就像是小孩子在玩彩色彈珠似的，飛掠過一個個思想的角落，卻毫無進展。這些語錄的彈珠只是讓我發現自己的思考模式有多麼膚淺，完全無法掌握或領略老子的彈珠，的確讓我很洩氣，只好放下彈珠遊戲。這些書當中，我只有對一本書還算一知半解，就是《南華眞經》。」

卡夫卡拿起《莊子》翻了一下說：「我還在一些句子底下畫了線呢。好比說：『不以生生死，不以死死生。死生有待邪？皆有所一體。』我認爲這是所有宗教和人生智慧的根本問題。也就是了解到萬物和時間的相依相待，照見自性，澈悟自己的生滅變異。你瞧，底下幾句以及後面一整頁，我都畫了線。」

他把攤開的書遞給我，在第一六七頁，他用鉛筆粗線條框起以下四句話：

「古之人，外化而內不化，今之人，內化而外不化。與物化者，一不化者也。安化安不化？安與之相靡？必與之莫多。狶韋氏之囿，黃帝之圃，有虞氏之宮，湯武之室。君子之人，若儒墨者師，故以是非相𩐦也，而況今之人乎！聖人處物不傷物。」

我把書還給卡夫卡，滿腹疑問地看著他，以爲他會解說一下。可是他不發一語地闔上書，和其他黃色精裝書一起放回辦公桌裡頭。於是我小聲說：「我看不懂。老實說，這段話對我來說太深奧了。」

卡夫卡愣了一下。他側著頭怔怔看了我一會兒，緩緩地說：「那很正常。眞理總是一個深淵。就像在游泳池畔一樣，你必須勇敢地從狹隘的日常經驗的跳板往下跳，一直潛到水底，爲了呼吸而一邊大笑一邊奮戰，當你回到水面時，事物的表面會加倍的清晰明亮。」

卡夫卡像個夏天開心去遠足的孩子一樣笑得很燦爛。他原本要跟我解釋書裡畫線的段落。可是我們的談話被打斷了。我父親來接我，給我一堆差事，把我打發走。我只希望卡夫卡哪一天會重拾中國古代哲學的話題。

爲了加強我對這個機會的信心，我跑去買了一本在當時對我而言貴得要命的《莊子》，用鉛筆把那時候卡夫卡畫過線的地方做了記號，把書放在公事包裡，隨身帶了好幾個禮拜，以便一有機會就可以拿出來討論。可惜一直沒有那個機會。卡夫卡再也沒有提到《南華眞經》。於是我把忍痛買來的翻譯本放到書架上，沒多久其他新發現的書的魅力就使得它相形見絀了。

雖然卡夫卡從此對它隻字不提，但是他顯然一直在探索道家哲學的問題。我一直保存到現在的兩本小書，就是很好的證明，《老子語錄》（*Mensch, werde wesentlich! Laotse-Sprüche*）以及費德勒（F. Fiedler）翻譯的《老子》，它們是卡夫卡送給我的。當我問起費德勒譯本的出版者韋內肯（Gustav Wyneken）時，卡夫卡很尷尬地聳聳肩說：

「他是德國漂鳥運動（Wandervogel）的創始者和領袖。韋內肯和他的朋友想要擺脫機械世界的控制，投向大自然和人類最古老的思想遺產。如你所看到的，他們從中國經典的翻譯拼寫出眞實世界，而不是耐心地閱讀他們自身的存在和責任的原典。對他們來說，前天似乎比今天更容易接近。沒有任何時刻比自己當下的生活更接近眞理的了，只有在當下，我們才可能獲得或失去眞理。遮蔽眞理的，只是它的表面和外牆。我們必須打破它。然後一切就廓然明白了。」

卡夫卡微笑著，我卻蹙眉問道：「可是我們該怎麼做呢？從哪裡下手呢？有沒有一個確定的指引？」

「沒有，沒有那樣的指引，」卡夫卡搖頭說：「眞理之路沒有任何地圖。只有堅持不懈，全力以赴，才是唯一的道路。任何指示都是一種退縮，沒有信心，也是歧路的開端。我們必須耐心而無畏地接受一切。人注定要活下去，而不是死亡。」

他的臉孔洋溢著一種迷人的、像孩子一樣狡黠的微笑，原本很認眞地談話，最後卻以德語和捷克語隨口說：「害怕的人，就不要進森林。可是我們都在森林裡了。每個人都走不同的路，在不同的位置（Kdo se bojí nesmí do lesa. Ale v lese jsme vsichni. Kazdý jinde a jinak）。只有一點是確定的。那就是自己的不足。每個人都必須從那裡開始。」

有一次我和我父親聊起卡夫卡，他說卡夫卡是個澈頭澈尾的「自己動手做」的人。他說：「卡夫卡最喜歡吃自己動手揉麵團、自己烤的麵包。他最喜歡自己縫衣服。他受不了工廠生產的成衣。他不相信俗諺。傳統習俗對他而言只是一套思考和語言的制服，他覺得那是羞辱人的囚衣，因而對它嗤之以鼻。卡夫卡是個不折不扣的個人主義者，沒辦法和人分擔生活的種種煩惱。他總是踽踽獨行。他刻意地、自願地選擇孤獨。在這方面，他一點也不肯妥協。」

過了幾天，在卡夫卡的辦公室裡發生一件小事，證實了我父親所說的話。

一長排穿著光鮮亮麗的軍人遊行經過勞工意外保險局，旗幟飛揚，鼓號震天價響。卡夫卡、我父親和我，站在窗前觀看。我父親把遊行拍下來。他用他的反射鏡照相機在各個角度取鏡，很在意拍攝的效果。

卡夫卡用一種難以言喻的淺笑看著他。

我父親注意到他的微笑，便說：「我已經用了六捲底片。在這十二張照片裡，我想或許會有幾張傑出的作品吧。」

「眞是可惜了底片，」卡夫卡說：「整個故事太無聊了。」

「怎麼會呢，」我父親很詫異地說。

「它了無新意，」卡夫卡回答說，走到辦公桌前。「事實上，所有軍隊只有一個座右銘：爲了我們後面那些坐在櫃台和辦公桌的人們往前衝。對於現在的軍隊而言，人類眞正的理想不在他們前方的目標，而是在他們後方，在那裡，所有人性的東西都被出賣了。」

我父親吃驚地望著地板。卡夫卡坐回辦公桌時，我父親才開口說：「先生，你是個叛徒。」

「可惜的是，」卡夫卡說：「我所捲入的叛變，是最具毀滅性的、因而完全無望的叛變。」

「反叛誰呢？」我父親問。

「反叛我自己，」卡夫卡說。他眼睛半閉，躺在沙發上。「反叛我自己的畫地自限和惰性。到頭來，則是反叛我現在坐的辦公桌和椅子。」

卡夫卡露出疲憊的微笑。

我父親也露出相同的表情。他試著微笑以化解尷尬，可是沒有成功：嘴角上兩條憂心忡忡的皺紋，眼皮不停地跳動。卡夫卡一定也注意到了，於是他遞了一些文件給我父親。他試著聊些和文件有關的事，以轉移我父親低落的心情。他成功了。我父親帶著親切的微笑，和我一起離開辦公室。可是他在走廊上走了幾步以後，轉頭跟我說：「你剛才都看到了。」

「看到什麼？」我問。

「他的本性！那就是他，」我父親發牢騷說：「他只要幾句話就可以讓你在他面前出洋相。你會覺得自己像是一個只會說蠢話的木偶。可是他是對的。你不能怪他。我胡亂拍照本來就是一件蠢事。我很想把底片上的那些低級趣味的東西全給曝光銷毀。」

我們一起看恰佩克（Josef Čapek）發表在激進雜誌《六月》（*Červen*）上的麻膠版畫。[103]

「我不太懂它的表現形式，」我說。

「那麼你也不會懂它的內容，」卡夫卡說：「形式不是內容的表現，而是內容的誘因，是通往內容的大門和道路。如果形式起作用，那麼隱藏的背景也會顯現。」

---

103 恰佩克（Josef Čapek, 1887-1945）和他弟弟卡列爾（Karel Čapek, 1890-1938）一起寫了許多暢銷書。他也是個畫家，曾創立「堅持者畫會」（Tvrdosijni）。

第一次世界大戰結束後，美國最早的偉大電影作品，包括卓別林的喜劇短片，在布拉格陸續放映，以前年輕的電影迷、後來的電影導演范克里克（Ludwig Venclík），送我一大疊美國電影雜誌，以及卓別林的喜劇電影的宣傳照片。

我把照片拿去給卡夫卡看，他以親切的微笑和我打招呼。

「你認識卓別林嗎？」我問。

「只是很粗略，」卡夫卡說：「我看過他的一兩部喜劇。」

他很認真而專注地觀看擺在他面前的照片，然後語重心長地說：「他真是個精力充沛的工作狂。下層階級永無翻身之日的困境，讓他眼睛冒出絕望的火燄，可是他並不放棄。就像每個真正的喜劇演員一樣，他以出柙猛獸的牙齒撲向世界。他有自己獨特的風格。儘管臉上塗了白粉，畫上黑色的眼線，卻不是多愁善感的皮耶侯（Pierrot）[104]，然而他也不是個尖酸刻薄的批判者。卓別林是個技師。他是機械世界裡的人。在那個世界裡，他大多數的同胞已經失去了真正去適應他們被賦與的生活的必要感受和思考工具。他們沒有了幻想。所以卓別林開始上工。就像牙技師製作假牙一樣，他也生產幻想的義肢。那就是他的電影。而電影也就是這麼一回事。」

「送我照片的朋友說，電影院會放映一整個系列的卓別林喜劇。你想跟我一起去看嗎？范克里克一定會歡迎我們去的。」

「不了，謝謝，我還是不要去看的好，」卡夫卡搖頭說：「我總是太過認真看待幽默這件事。我很容易像個塗滿白粉的小丑站在那裡。」

卡夫卡送我幾期《燃燒器》（*Der Brenner*）半月刊，裡頭有提奧多・海克（Theodor Haecker）[105]的文章、齊克果的翻譯，以及達拉哥關於塞岡提尼（Giovanni Segantini）的論文。[106]

這些文章勾起我對阿爾卑斯山以南的繪畫的興趣。我朋友里德勒剛好送我一本塞岡提尼的《書信短文集》（*Schriften und Briefe*），讓我雀躍不已。

我把書拿給卡夫卡，讓他看一下我很喜歡的一個段落：「藝術不是那種獨立於我們存在的眞理。那樣的眞理沒有任何藝術的價值，只是對自然的盲目摹仿，也就是單純地

---

104 譯注：皮耶侯（Pierrot），法國默劇裡一個悲傷的丑角。

105 譯注：提奧多・海克（Theodor Haecker, 1879-1945），德國作家和文化批評家，曾將齊克果的作品譯為德文。

106 塞岡提尼（Giovanni Segantini, 1858-1899），阿爾卑斯山區重要的畫家，他的《書信短文集》由其遺孀出版。

複製物質的性質。可是物質必須經過精神的淬鍊，才能夠成長爲永恆的藝術。」

卡夫卡隔著桌子把書遞還給我，出神呆望了半晌，才趕緊轉頭對我說：「物質必須經過精神的淬鍊。那是什麼？那就是體驗，除了體驗以及對於體驗的掌握無它。那才是重點。」

——

每次我跟卡夫卡說我看了什麼電影，他總是露出很訝異的表情。有一次看到他表情的變化，我忍不住問他：「你不喜歡電影嗎？」

卡夫卡思索了片刻以後回答說：「我眞的沒想過這個問題。它的確是個很棒的玩具。可是我很受不了它，或許是因爲我生來就太『視覺取向』了。我是個『眼睛人』。不過電影院只會干擾觀看。飛快的動作，畫面的急速轉換，讓人只能浮光掠影地觀看。不是眼睛抓住畫面，而是畫面控制了眼睛。它們淹沒了意識。電影意味著給原本寸絲不掛的眼睛穿上制服。」

「聽起來很可怕，」我說：「有一句捷克格言說，眼睛是靈魂之窗。」

卡夫卡點頭說：「那麼電影就是鐵遮板。」

過了幾天，我們接著談這個話題。

「電影是個很可怕的力量，」我說：「它比媒體更強大，女店員、模特兒和女裁縫，個個都有芭芭拉·拉瑪（Barbara La Marr）、瑪麗·畢克馥（Mary Pickford）、白珍珠（Pearl White）那樣的臉孔。」

「那當然。愛美使得每個女人都成了女明星。現實生活只是詩人的夢想的一個倒影。現代詩人的琴弦其實是無止盡的電影膠捲。」

我們談到布拉格一份雜誌的問卷調查，它的第一個問題是：究竟有沒有「新藝術」（Junge Kunst）這個東西？

我說：「問有沒有新藝術，不是很奇怪的事嗎？要嘛是藝術，要嘛是低俗作品。而那些低俗作品通常躲在各種主義和流行的面具後面。」

卡夫卡說：「問題的重點不在於『藝術』這個名詞，而是『新的』這個修飾語。[107] 顯然人們對於是否存在年輕一代的藝術家這件事頗有疑慮。而且我們現在也很難想像有哪個年輕人是眞正自由自在、無憂無慮的。這些年來的殘酷洪水淹沒了每個人，包括孩

---

107 譯注：junge，也有年輕的意思。

子在內。固然『腐敗』和『年輕』聽起來很不相稱。可是人類的年輕時光到哪裡去了？現在它和『腐敗』沆瀣一氣。人們很熟悉腐敗的力量。可是他們忘了年輕的力量，於是開始懷疑起年輕本身。然而，如果沒有年輕人自信的陶醉，怎麼會有藝術呢？」

卡夫卡兩手一攤，無力地擱在膝蓋上。

「年輕是很脆弱的東西。來自外在的壓力太大了。既要防衛又要全心投入，那就會造成肌肉痙攣，就像臉部扭曲一樣。現在年輕藝術家的語言所隱藏的比揭露的東西多得多。」

我跟他說，我在莉蒂亞．霍茲納那裡認識的年輕藝術家都已經是四十來歲了。

卡夫卡點點頭。

「沒錯。很多人現在才開始緬懷他們的年輕時代。現在他們才玩起牛仔和印第安人的遊戲。當然，他們不是在公園裡拿著弓箭到處跑。不是！他們坐在電影院裡觀賞西部冒險片。如此而已。黑漆漆的電影院是放映他們逝去的青春的幻燈機。」

在談到年輕作家時，卡夫卡說：「我很羨慕年輕人。」

我說：「你也不老啊。」

卡夫卡微笑說：「我和猶太民族一樣老，就像永世流浪的猶太人一樣。」

我斜眼看著他。

卡夫卡把手搭在我的肩膀上。

「不好意思嚇著你了。我說了個很蹩腳的笑話。不過我真的很羨慕年輕人。人活得越老，視野就越廣。可是生命的可能性越來越少。最後只能抬頭仰望，只剩下一口氣。在那個時刻，人或許會回顧他的一生。可能是第一次，也是最後一次。」

我帶了布拉格雜誌《六月》的特刊給卡夫卡，裡頭有紀堯姆．阿波里奈爾（Guillaume Apollinaire）[108]節奏明快的詩作《地帶》（*la Zone*）的翻譯。可是卡夫卡早就知道這首詩。

他說：「這首詩的翻譯才剛發表我就讀過了。此外我也看過法文原版，它收錄在詩集《醇酒集》（*Alcools*）裡。他的詩以及新版的福婁拜（Flaubert）書信集，是我在戰

---

108 譯注：紀堯姆．阿波里奈爾（Guillaume Apollinaire, 1880-1918），法國詩人，生於義大利，二十世紀初最重要的詩人、劇作家和小說家，經常被人與超現實主義並談，死於西班牙流行感冒。

後最先購買的兩本法文書。」[109]

我問：「你對它的印象如何？」

「什麼？阿波里奈爾的詩還是恰佩克的翻譯？」卡夫卡以他一貫簡明扼要的方式問清楚我的問題。

「兩者。」我說，並且隨即表示我的看法：「它們讓我心醉神迷。」

「我可以想像，」卡夫卡說：「無論是原詩或者是翻譯，都是語言的傑作。」

我聽了非常興奮。我很開心我的「發現」得到卡夫卡的贊同。於是我絮絮叨叨地解釋我爲什麼對它如此著迷。我先是引用了一開始的幾行詩，阿波里奈爾把艾菲爾鐵塔比喻作趕著咩咩叫的汽車的牧羊女而對它說話，然後轉到詩中提到的布拉格猶太人區市議會的時鐘，上頭有希伯來文的時鐘記號，跟著又提到他如何形容位於城堡區（Hradschin）的聖維特主教堂（Veitsdom）裡嵌著瑪瑙和孔雀石的牆壁，最後以我對於阿波里奈爾的作品的評論作結：「這是一座巨大的抒情詩穹窿，從艾菲爾鐵塔擺盪到聖維特主教堂，把整個絢麗繽紛的現象世界都合抱起來。」

「是的，」卡夫卡點頭說：「這首詩的確是一個藝術品。阿波里奈爾把他的視覺邂逅描寫成一種靈視。他眞是個技巧精湛的大師。」

最後一句話裡充滿了很怪異而矛盾的語氣。我在他讚美的話裡聽到一種難以言喻的、卻又清楚感覺得到的冷漠，不由得在我心裡漸漸發酵。

「一個大師？」我緩緩說：「我不喜歡這個稱號。」

「我也不喜歡，」卡夫卡大剌剌地接著我的話說，看起來一副若無其事的樣子。「我不喜歡人家炫技。那些大師們仗著變戲法的能力而浪得虛名。可是一個詩人可以這樣華而不實嗎？不，詩人被囚禁在他所體會和表現的世界裡，正如上帝被困在他所創造的萬物裡。爲了掙脫這世界的桎梏，他把世界擺在自己的外面。這不是什麼精湛的技巧。這是一種分娩，就像所有誕生的過程一樣，是生命的繁衍。可是你聽過哪個婦女叫作分娩的大師嗎？」

「沒有，我沒聽說過。分娩和技巧精湛完全扯不上關係嘛。」

「當然，」卡夫卡點頭說：「沒有所謂技術精湛的分娩。分娩只有困難和簡單的問題，但是不管怎麼樣都很痛。只有搞笑的喜劇演員才會炫技，藝術家不屑爲之。你看到的阿波里奈爾也是這樣。他把各種空間體驗濃縮成一種超越個人的時間異象。阿波里奈爾在我們面前展開的，是一種文字的電影。他是變戲法的人，對讀者暗示各種有趣的意象。可是詩人不會這麼做，只有喜劇演員和演藝人員才會這樣賣弄。詩人會試著把他所

109 Guillaume Apollinaire, *Alcools, Poèmes 1898*-1913. Paris: Mercure de France 1913。恰佩克的翻譯於一九一九年二月六日發表於《六月》。

得見的異象埋在讀者的日常經驗裡。為此，他會使用看起來很直截了當的、讀者很熟悉的語言。你看看這個例子。」

卡夫卡從他辦公桌的邊櫃裡拿出一本灰綠色紙版封面的小書給我看。「這是海因里希・克萊斯特（Heinrich von Kleist）[110]的短篇小說集，」他說：「這才是真正的文學作品。裡頭的語言清澈明白。你在這裡看不到華麗的辭藻，沒有矯揉造作。克萊斯特不是變戲法的人，也不是譁眾取寵的人。他的一生都在人與命運的衝突異象的壓力下度過，而他以明白曉暢、老嫗能解的語言去闡述它，記錄它。他的異象成了大家都可以理解的經驗。他不汲汲於文字遊戲、評論和暗示。在克萊斯特裡頭，謙卑、諒解和耐心結合成一種力量，那是每一次成功的分娩都不可或缺的力量。所以克萊斯特的作品，我總是一讀再讀。藝術的問題不在於讓人目不暇給的戲法，而是一個影響深遠的典範。在克萊斯特的短篇小說裡可以看得很清楚。現代德國文學的根就在這裡。」

德國達達主義的領袖理查・胡森貝克（Richard Huelsenbeck）在布拉格發表演講。我寫了一篇關於該演講的報導，並且把手稿拿給卡夫卡看。

「你的報導的題目應該叫作『你呀，你！』（DuDu），而不是『達達』，」他看完文章以後說。「你的字裡行間充滿了對人類的渴望。基本上，那是對於成長的嚮往，自己的小我的開展，也就是對於群體的渴望。人們掙脫了憂鬱的小我的孤獨世界，逃遁到如孩子一般天真無知的喧鬧裡。那是自願的、因而是歡樂的瘋狂。可是瘋狂——如果人們迷失了自己，又怎能找得到他人呢？而他人，也就是世界深處，只會靜靜地敞開自己。而你只能指著自己責備說：『你呀，你！』才能夠讓自己靜下來。」

後來我把手稿燒掉了。

——

我寫了一篇文章談論奧斯卡·包姆的小說《通往不可能的門》（*Die Tür ins Unmögliche*）。

卡夫卡把我的作品拿給威爾屈，他把它刊登在《自衛報》的藝文版上。幾天後，我在卡夫卡的辦公室遇到一個職員，應該是莒特林，他劈頭就對我的文章品頭論足起來。他的批評當然很不中聽。

在他眼裡，我的文章和包姆的小說都是「病態心理的達達主義表現」。

110 譯注：海因里希·克萊斯特（Heinrich von Kleist, 1777-1811），德國浪漫主義詩人、劇作家和小說家。

我不發一語。

可是他一直喋喋不休，同樣的話至少講了五遍，於是卡夫卡有點坐立難安了。

「就算達達主義有病好了，那也只是外在的症狀。如此而已。可是你只把症狀壓下來，是不會治好病的。相反的，它會雪上加霜。身體裡頭破了一顆膿瘡，比皮膚上長了許多膿瘡嚴重得多。如果要眞正治癒病患，就必須拔除病根。只有這樣，因爲痙攣造成的臉部畸形才會消失。」

莒特林一句話也答不上來。

這時候進來了另一個職員，我們的談話因而中斷。當辦公室又只剩下我和卡夫卡時，我問他說：「你也覺得我那篇關於包姆作品的文章是達達主義嗎？」

卡夫卡微笑說：

「怎麼會呢？我根本不是在講你的文章。」

「什麼？」

卡夫卡做了個輕蔑的手勢說：「那根本算不上是什麼評論。批評者信口雌黃地大談『達達主義』，就像小孩在揮舞著玩具劍一樣。他只是想用看起來很嚇人的武器讓人目眩神馳，因爲他知道他的武器其實只是玩具劍。你只要拿一把眞正的劍指著孩子，就可以讓他安靜下來，因爲他會擔心他的玩具受損。」

「所以你指的不是包姆和我的文章，而是達達主義。」

「是的，我腰間掛著眞正的劍。」

「可是你認爲達達主義是個病症，」我說。

「達達主義是個……殘疾，」卡夫卡很嚴肅地說：「心靈的支柱被折斷了。信仰被打破了。」

「什麼是信仰？」

「有信仰的人無法定義它，而沒有信仰的人給它的定義總是籠罩著失去恩寵的陰影。有信仰的人說不出來，而沒信仰的人則更應該閉嘴。先知談的總是信仰的種種根據，而從來不談信仰本身是什麼。」

「信仰透過他們說話，而從不談論自己。」

「是的，就是這樣。」

「那麼基督呢？」

卡夫卡低下頭。

「他是光彩奪目的深淵。我們必須閉上眼睛，才不會掉下去。布羅德寫了一本鉅著《異教、基督宗教和猶太教》（*Heidentum, Christentum, Judentum*）[111]。或許和這本書

---

111 Max Brod, *Heidentum, Christentum, Judentum* (2 Bde.), München: Kurt Wolff, 1922.

的對話可以解答我心裡的疑惑。」

「你對這本書期待很多囉？」

「不只是對這本書，對每個片刻，我都充滿期待。我努力做個恩寵的眞正候補者。我耐心等候，翹首以盼。也許它會臨到，也許不會來。也許這個平靜而又不安的等待，就是恩寵的預兆，或者它本身就是恩寵。我不知道。不過我不擔心。在這期間，我已經和我的無知做好朋友了。」

我們在聊天時談到各個教派的優缺點。我想知道卡夫卡個人的意見，可是不得其門而入。

卡夫卡說：「只有透過個人，才能夠體會上帝。每個人都有自己的生命，自己的上帝，自己的守護者和審判者。祭司和禮儀只是歷經滄桑的靈魂的拐杖罷了。」

有一次卡夫卡看到我的公事包裡有一本犯罪小說，他說：「你不必因爲讀這種東西而不好意思。杜思妥也夫斯基的《罪與罰》本來也只是一本犯罪小說。還有莎士比亞的

《哈姆雷特》呢？那算是一齣偵探劇吧。在行為的核心裡有個祕密，它會慢慢滲透出來。可是有比眞理更大的祕密嗎？詩始終只是追尋眞理的探險。」

「可是眞理是什麼呢？」

卡夫卡沉默了片刻，然後調皮地微笑說：「看起來你好像逮到我無言以對的時候了，其實不然。眞理是每個人為了生存而都需要的東西，可是從來沒有人能夠得到或是買到它。每個人都必須從自己的心裡不斷地創造它，不然他就會毀滅。沒有眞理的生活是無法想像的事。或許眞理就是生活本身。」

卡夫卡送我一本只有一公分厚的里克蘭文庫小書：惠特曼（Walt Whitman）的《草葉集》。[112]

可是他說：「這個譯本不怎麼好。有些段落甚至磕磕絆絆的。不過我們至少可以對這位詩人有個大概的印象，他可以說是現代抒情詩最偉大的形式啟發者。我們可以把他的無韻詩視為霍爾茲（Arno Holz）、威哈倫（Emile Verhaeren）、克勞岱（Paul

---

112 Walt Whitman (1819-1892), *Leaves of Grass*, 1855。論文及隨筆收錄於：*Democratic Vistas* (1871)。

Claudel）以及捷克詩人紐曼（Stanislav Kostka Neumann）的自由韻的先驅。」

我趕緊接著說，弗爾赫利茨基（Jaroslav Vrchlický），根據布拉格官方文學評論的觀點，「爲捷克文學開啓了通往世界之窗」，他也曾經將《草葉集》譯爲捷克文，作爲一種奇特的文字實驗。

「我知道，」卡夫卡說：「惠特曼的詩的形式在全世界得到巨大的回響。可是惠特曼的重要性並不在此。他把對於自然和文明這兩個顯然對立的東西的觀察，揉和成一個醉人的生命感受。因爲他總是看到一切現象的倏忽生滅。他說：『生命是死亡殘餘的一小部分。』因此他把整顆心都奉獻給每一片草葉。我很早以前就非常欣賞他。我很佩服他能夠讓藝術和生活水乳交融。美國南北戰爭爆發時，他在醫院擔任護理人員，多虧了這場戰爭，我們現在的機械世界的巨大力量才眞正轉動。他做了我們現在每個人都應該做的事。他幫助弱者、病患和戰敗者。他是眞正的基督徒，因此是衡量人性的程度和價值的重要準繩，這點和我們猶太人特別關係密切。」

「那麼你對他的作品一定很熟悉了？」

「我對他的生平比較熟悉。因爲那才是他的主要作品。他所寫的東西，他的詩和散文，都只是一生奉行的信仰火炬閃爍不定的餘燼。」

里德勒送我一本王爾德的《意圖》（*Intensions*）的德文翻譯[113]，我拿去給卡夫卡看。卡夫卡翻了幾頁說：「它閃閃發光而且蠱惑人，正如只有毒藥才會燐燐誘人。」

「你不喜歡這本書嗎？」

「我沒有那麼說。相反的，它很討人喜歡。這也正是這本書的危險之處。這本書之所以危險，是因爲它玩弄眞理。然而玩弄眞理無異於玩弄生命。」

「你的意思是說，沒有眞理就沒有眞實的生命？」

卡夫卡默默點頭。

過了半晌，他才說：「謊言經常只是恐懼的表現，害怕會被眞理壓垮。那是自己的量淺器小的投射，也是人們害怕的罪的投射。」

「我是個很無能的職員，」有一次我看到卡夫卡站在辦公桌前愁眉苦臉地抱怨說：

---

113 Oscar Wilde, *Intentions*, trs. by Paul Wertheimer. Berlin: Globus Verlag, 1918.

「我總是沒辦理乾淨俐落地結案。所有案件都懸在我這裡。」

「可是我什麼也看不到，」我說：「你的辦公桌空空的。」

「正是如此，」卡夫卡坐下來說：「我總是盡快把每個案件交出去，可是我覺得我還沒做好，心裡一直牽掛著它們。從一個部門到另一個部門，從一個辦公桌到另一個辦公桌，一隻隻手傳下去，一直到收件人那裡。我的幻想不斷地穿出辦公室的四面牆壁。可是我的視野並沒有更大。相反的，它在萎縮。我也和它一起萎縮，」他苦笑著。「我連一塊廢物都不如！我沒有被車輪輾過，而只是被軋進齒輪裡，在勞工意外保險局裡黏糊糊的官僚體系裡無足輕重的小人物。」

我打斷他的話說：「這麼說吧，就像我父親說的，辦公室裡的生活跟狗一樣。」

「是的，」卡夫卡點點頭。「可是我既不對任何人狂吠，也不會咬人。你知道我是素食主義者。我們只依靠自己的血肉維生。」

我倆哈哈大笑，笑聲大到幾乎聽不見有人敲門。

我跟卡夫卡談到我和父親到布拉格溫策爾廣場附近的方濟會修院參觀的事。

卡夫卡說：「那其實是基於個人選擇的家庭式團體。爲了得到救恩，他們自願限制他們的自我，放棄世間的財產和地位，還有他們個人。他們要透過外在的枷鎖去成就內心的自由。這就是臣服於律法的意義。」

「那麼不認識律法的人，」我說：「怎麼獲得自由呢？」

「律法會透過各種打擊讓他認識它。不認識它的人，會被拽著走、被鞭打，直到認識它。」

「你是說，人們遲早都會認識它？」

「我沒有這麼說。我要說的不是怎麼認識律法，而是自由，那才是他們的目標。認識只是一條途徑……」

「實現的途徑？這麼說，生命只是個使命、一個任務？」

卡夫卡做了個無奈的表情。

「就是這樣。人們總是無法看清楚自己的本來面目。他們佇立在黑暗裡。」

有一次我去找卡夫卡，他和我父親正站在窗前，他們只是轉身朝我點頭問候一下。接著卡夫卡就問我父親：「你在戰時服役那短暫期間，就覺得軍人的生活比老百姓好得多嗎？」

「是的，」我父親回答說：「在部隊裡不像在民間那麼缺糧，我們一直有麵包吃。軍人的生活比老百姓好多了。」

「那是可以理解的，」卡夫卡回答說，若有所思地摸著鬍子刮得很乾淨的下巴。「軍隊很有錢。他們是國家的投資，應該養精蓄銳。他們是專家。相反的，國家可不想在老百姓身上花什麼錢。」

「是啊，」我父親嘆息說：「你在傷寒醫療營裡就可以清楚看到這個駭人的事實。幸好這個恐懼已經過去了。」

「它並沒有過去，」卡夫卡輕聲說，他走到辦公桌前低頭站著。「恐懼只是在累積它的力量，蓄勢待發。」

「你認爲會有另一場戰爭？」我父親露出驚恐的眼神。

可是卡夫卡沉默不語。

「不可能！」我父親激動地揮舞手臂說：「不可能再有一場戰爭！」

「爲什麼不可能呢？」卡夫卡語氣平淡地說，凝視著我父親。「你的說法只是一廂情願。你能夠說服我說，這場戰爭是最後一場嗎？」

我父親一時語塞。我看到他的眼皮在抽搐。

卡夫卡坐下來，骨瘦如柴的手指交叉放在桌面上，深深吸了一口氣。

「不，我沒辦法這麼說，」我父親終於輕聲說：「你是對的，那只是一個願望。」

「如果一個人陷在沼澤裡被淹到脖子了，那樣的願望是可想而知的，」卡夫卡說，視線離開我父親。「我們處在人口爆炸的世界裡，人們藉著犧牲老百姓以漁利，他們比軍人和砲彈便宜多了。」

「可是，」我父親說：「我還是不相信會有戰爭。大多數人也不會相信的。」

「那是兩碼子事，」卡夫卡無可奈何地說：「那不是大多數人可以決定的。他們只是照著別人的指示去做。做決定的是那些倒行逆施的個人。可是現在連這種人也沒有了。他們都因爲貪圖安逸而把自己整肅掉了。『襯衫比夾克接近身體。所以我們會毀在自己的汗垢裡。』（**Kosile blizsí nezlí kabát. Tím zajdeme ve vlastní spine.**）我們會死得很慘，如果每個人不馬上把自己的道德髒衣服扔掉的話。」

卡夫卡是第一個關心我的精神生活的人，他把我當作成人和我說話，讓我更有自信。他對我的關心是一份意義重大的禮物。我一直銘記在心。有一次我甚至跟他提到這件事。

「我會不會搶走你太多時間了？我眞是蠢得可以。你給了我這麼多，而我沒有任何東西可以給你。」

卡夫卡聽了很不好意思。

「哪裡的話，」他趕緊說：「你是個孩子。你不是強盜。我是把時間送給你了，不過那不是我的時間，而是屬於勞工意外保險局的。我們一起從它那裡偷走我的時間。那太美妙了！再說，你也不笨。以後不要再那麼說了，你那樣說只是逼得我承認我羨慕你年輕的熱忱和領悟力。」

我們到碼頭散步。

我跟卡夫卡說我生病了，感冒發燒，躺在床上，動手寫了劇本《掃羅》（*Saul*）。

卡夫卡對這個文學嘗試很感興趣，我在劇中用了三層舞台，層層相疊的平台代表三個心靈世界：最底層是大街或說是民眾的開放廣場；其上是國王的宮殿或說是個人的屋宇；最上層則是代表屬靈和俗世的權力的聖殿，那看不見的東西的聲音藉此說話。

「整個來說，它是個金字塔，頂端消失在雲間，」卡夫卡說：「那麼重點呢？這齣戲的世界的重心在哪兒？」

「在底下人民的群眾基礎，」我回答說：「儘管裡頭有若干個別的角色，它卻是一齣關於匿名的群眾的戲劇。」

卡夫卡皺起了濃眉，噘著下唇，用舌頭舔濕嘴唇，眼睛沒有對著我看，他說：「我想你開始的前提錯了。匿名和沒有名字是一樣的意思。可是猶太人從來都不是沒有名字的民族。相反的，我們是一個位格神的選民，只要恪守律法，我們絕對不可能淪爲匿名的下層階級，而變成愚昧無知的人。只有悖離了那賦與人類規矩繩墨的律法，人類才會變成殘忍的、蕩檢踰閑的、匿名的群眾。到那時候，也沒有什麼上層和下層了：生命被剷平成爲單純的存在；沒有戲劇也沒有掙扎，只有物質的損耗和墮落。然而那不是聖經和猶太民族的世界。」

我爲自己辯護說：

「我講的不是猶太教和聖經。對我而言，聖經的題材只是用來表現今天的群眾的一種手段。」

卡夫卡搖頭。

「所以說囉！你的意圖有問題。你不能用生命去比喻死亡。那是有罪的。」

「你所謂的罪是什麼？」

「罪就是逃避自己的使命，是誤解、不耐煩、因循泄沓，那就是罪。詩人的任務是要把孤獨的凡人引領到無限的生命，將偶然的東西提昇爲合乎法度的東西。他被賦與了像先知一樣的任務。」

「所以寫作就是引導的意思？」我說。

「眞實的文字是引導，錯誤的文字則是引誘，」卡夫卡說：「聖經稱爲『文字』（Schrift），那並不是偶然的。它是猶太民族的聲音，不是歷史的昨日黃花，而完全是眼前的東西。可是你把它當作歷史的故紙堆在處理，那就不對了。如果我沒搞錯的話，你是想要把現在的群眾搬上舞台，他們和聖經一點關係也沒有。那是你的戲劇的核心。聖經裡的民族是許多個人藉著律法而團結在一起。現在的群眾卻是抗拒任何團結。他們心裡沒有律法，於是各行其是。那就是他們橫衝直撞的動力。群眾行色匆匆，飛快地穿越時代。可是到哪裡去呢？他們從哪兒來的呢？沒有人知道。他們越是往前走，越無法達到任何一個終點。他們是白費力氣。他們以爲他們在行進。可是他們只是原地踏步，掉到虛無裡。如此而已。在這裡，人失去了他的家鄉。」

「你怎麼解釋民族主義的興起呢？」我問。

「那正好證明我說的沒錯，」卡夫卡回答說：「人總是努力追求他所沒有的東西。所有民族的科技進步漸漸剝奪了它們的民族特色。因此他們就成了民族主義者。現代的民族主義是對於文明的粗暴侵略的反抗運動。人們在猶太人身上看得最清楚。如果我們在自己的環境裡生活得很自在，也很能夠適應，那麼就不會有猶太復國運動了。然而環境的壓力讓我們找到自己的本來面目。我們要回家，回到自己的根。」

「所以你相信猶太復國運動是一條正確的路？」

卡夫卡笑得很尷尬。

「只有到了終點，才能知道那條路是否正確。無論如何，我們現在正在走。我們在前進，也就是說，我們活著。我們周遭的反閃族主義越來越猖獗，但是沒關係。《塔穆德》說，我們猶太人就像橄欖一樣，要經過壓榨才會得出我們最好的部分。」

「我想世界上進步的工人運動不會坐視反閃族主義越演越烈的，」我說。

可是卡夫卡憂心忡忡地低著頭。「你錯了。我認爲反閃族主義已經襲捲工人階級。你從勞工意外保險局就看得出來。它是工人運動的產物，應該充滿進步的光明精神。可是你看它現在是什麼樣子？整個保險局是個黑暗的官僚主義巢穴，而我是唯一的猶太人樣板。」

「眞是讓人失望，」我說。

「是的，人的前景很黯淡，因爲他混跡在不斷成長的人群裡，卻每分每秒越來越覺得孤單。」

我們談起抽菸。

我說：「我所認識的大多數男孩都開始抽菸，想要假裝成大人的樣子。我從來都不相信這種鬼話。」

「這要感謝你父親，」卡夫卡說。

「是啊，」我附和說：「我不必模仿大人的愚蠢習慣，也會變成大人的。」

「正好相反！」卡夫卡揮揮手說：「如果一個人被不好的想法和習慣牽著鼻子走，那就是不懂得尊重自己。沒有自我尊重就沒有道德，沒有秩序，沒有堅持，也沒有維繫生命的溫暖。於是他像一坨牛糞一樣腐敗，只有馬蠅和其他昆蟲對他有興趣。」

——

我和卡夫卡一起在辦公室裡。

他坐在辦公桌前，一臉很疲憊的樣子，手臂低垂，嘴脣緊閉。

他微笑和我握手。

「我昨晚很不舒服。」

「你看醫師了嗎？」

他嘟著嘴。

「醫生……」

他雙手一攤。

「人是無法躲避自己的。那是命運。人唯一的機會，是在旁觀時忘記我們是在玩一場遊戲。」

——

齊茲科夫區耶內修斯街（Jesenius-Gasse）的斯瓦提克太太（Svátek）上午都會到我父親家幫傭，下午則到勞工意外保險局裡擔任清潔婦。有幾次她看到我和卡夫卡在一起，她也認識卡夫卡，於是有一次便和我聊起他來。

「卡夫卡是個很正直的人。他非常與眾不同。從他拿東西給人的方式就看得出來。其他人只是把東西塞給你，好像那東西會刺人似的。有時候則是像給小費一樣用扔的。可是卡夫卡在把東西拿給別人的時候，卻讓人覺得他很開心。好比說他早上沒吃完的葡萄。那是吃剩的東西，我們都知道別人會怎麼做。可是卡夫卡不會讓它像是很難吃的東西扔在那裡。他會把葡萄或其他水果整整齊齊地擺在餐盤上。我進辦公室時，他會假裝順便問我是否要帶回去吃。是的，卡夫卡從來不把我當作一個老清潔婦。他是個正直的人。」

斯瓦提克太太說的沒錯。卡夫卡很懂得施與的藝術。他從來不會說：「拿去，這東西給你。」他總是說：「你不必把它還給我。」

——

有一次，我們談到N。我說N這個人很笨。卡夫卡說：「愚蠢是人性。很多聰明人並沒有智慧，因此到頭來一點也不聰明。他們只是因爲害怕自己無意義的庸俗而表現得很冷酷。」

——

卡夫卡辦公室裡有個職員，說話很粗魯。

「他是誰啊？」辦公室只剩下我倆時，我問卡夫卡。

「那是N博士，」卡夫卡說。

「眞是沒教養的人，」我說。

「怎麼會呢？他只是言行舉止和別人不一樣。或許他是看到許多騙子舉止優雅而人緣很好，所以他寧可穿著破破爛爛的，也不要穿上燕尾服。如此而已。」

卡夫卡的桌上堆了一大疊信、照片和旅遊手冊。看到我一臉狐疑的表情，他說他想到山上一家小療養院住一陣子。

「我不想去大型的醫療工廠，」他說：「我只在類似家庭式小旅館的地方接受醫療照護。我不需要舒適的設備或奢華的病房。」

我說：「對你而言，最重要的是地點和山上的空氣。」

「是的，那的確也很重要，」卡夫卡點頭說：「但是最難得的地方是我必須至少暫時切斷以前的種種習慣，並且將耗損殆盡的生命資產陳列在因回憶而擦亮的世界櫥窗前面。無論人往哪裡走，總是會朝著他自己被誤解的本性前進。」

潮濕的秋天，以及意外提早到來的嚴冬，使卡夫卡的病情惡化。辦公桌上空無一物，在辦公室裡顯得孤零零的。

「他發燒了，」坐在旁邊的特列莫跟我說。「也許我們再也看不到他了。」

我很悲傷地回家。

他的辦公桌一整個禮拜都空蕩蕩的。

可是有一天，卡夫卡回到辦公室。他臉色蒼白，佝僂著身軀，面帶微笑。他以疲倦而幾不可聞的聲音跟我說，他只是來送一些文件，順便拿一些私人手稿。他身體很不好。第二天他就要坐車前往上塔特拉山（Hohe Tatra），住進一家療養院。

「那很好啊，」我說：「難得有這個機會，儘早去吧。」

卡夫卡無可奈何地笑了笑。

「這就是折騰人而且沉重的地方。生命有那麼多可能性，而每個可能都只是在反映自身的存在不可避免的不可能性。」

說著說著，他劇烈地乾咳起來，不過很快就被他壓下來。

我們相視而笑。

「你瞧，」我說：「一切都會好轉的。」

「我沒問題的，」卡夫卡說：「我什麼事都逆來順受。所以痛苦變成了賞心樂事，而死亡，那只是甜美的生命的一個成分罷了。」

卡夫卡準備動身到塔特拉山的療養院，臨別前我跟他說：「你要好好休養，早日康

復。未來會補償一切的。一切都會改變。」

卡夫卡笑著用右手指指著他的胸口。

「未來已經在我身體裡。所謂的變化，只是隱藏的傷口露出來吧。」

我有點按捺不住。

「如果你不相信自己會康復，爲什麼還要去療養院？」

卡夫卡低頭撐著桌子說：「每個被告總是要想盡辦法讓宣判延期。」

我和我女朋友海倫．斯拉維切克（Helene Slaviček）從克魯美茲（Chlumetz）回到布拉格。我們去我父親的辦公室報平安，在樓梯上遇到卡夫卡。我把海倫介紹給卡夫卡認識。

兩天後，卡夫卡說：「女人是個陷阱，從各個角度去窺伺男人，將他拉到一個只剩下有限性的地方。當男人自願跳進陷阱時，她們就失去危險性。可是當男人漸漸適應而戰勝了陷阱，她們又會打開女性魅力的捕獸籠。」

海倫回去以後的第二天，我一個人到勞工意外保險局。我問卡夫卡說：「先生，你覺得海倫怎麼樣？」

他把頭偏向左邊說：「我的看法並不重要。她是你的女朋友，你對她一定很著迷。在愛情裡，就像魔法一樣，一切都取決於一個字。原本是範圍很廣的不定冠詞的『一個』女人，變成了嚴格限定的定冠詞的『那個』女人。一個種屬概念必然變成一個命運的力量。然後一切就沒什麼好說的了。」

——

我們在談論布拉格的錫安工人黨的各個領袖人物時，聊到了該團體公認最能言善道的人，魯道夫．K，他以前是個演員，我說這個「英俊的魯迪」很受女性歡迎，卡夫卡卻說：「對男人來說或許是一種運氣，對女人而言卻是很不幸的事。那只會毀掉她們的一生。它是個嚴重的過犯，一個罪行，就像趁人之危的片面快樂一樣。如果一個人爲了這種不正當的快樂而沾沾自喜，到頭來會在某個偏僻的角落裡，因爲他自己的恐懼和自私窒息而死。」

——

一個叫F・W的年輕人因為失戀而自殺身亡。

我們談起這件事時，卡夫卡說：「愛是什麼？其實很簡單！愛是一切能夠提昇我們的生命的東西，擴充它，豐富它。無論是在生命的巔峰或低谷。愛就像汽車那麼簡單明瞭，有麻煩的只是駕駛、乘客和道路。」

我聊起一個學校同學W，他十歲的時候愛上他的法文老師，從此以後對任何年輕女孩都避之唯恐不及，甚至包括他的姊姊，現在只好去找心理醫師波策（Pötzl）看診。

「愛情總會帶給人難以痊癒的傷痛，因為愛情裡頭總是會有些汙穢，」卡夫卡說。「要揮別愛情和汙穢，只能憑著戀人自己的意志。像你朋友那樣無助的人，在愛情裡頭已經喪失了自己的意志，而容易被汙穢感染。他是青澀少年的迷惘的受害者。那可能會造成嚴重的傷害。一個男人臉上抑鬱不振的表情，經常只是一個男孩的迷惘凝結而成的。」

我在散步時提到我女朋友海倫，卡夫卡說：「在戀愛的那個瞬間，人不僅要對自己

負責，也要對別人負責。可是他總是處於心醉神迷的狀態，而使他的判斷力下降。人的自我的內容比當下的意識的狹隘視野要豐富得多。那意識只是自我的一部分。但是隨著每個決定，人都給了他的整體自我一個方向。於是產生了最常見也最嚴重的誤解的衝突。」

談到C時，卡夫卡說：「『Sinnlichkeit』（感性、官能）的字根是『Sinn』（感官、意義），它有很特別的意思。人只有透過感官才能發現意義。當然這個途徑也有它的危險。人可能把手段擺在目的前面。於是人變得很官能，而轉移了他對於意義的關注。」

我記得卡夫卡很喜歡諷刺的文字遊戲和自創新詞的語言表現。可是在我的札記裡只找到一句這類的格言。

我跟卡夫卡提到我在中學四年級時，同學之間瘋傳著畢爾包姆（Otto Julius Bierbaum）的長篇小說《布穀鳥王子》（*Prinz Kuckuck*）[114]。

「他對於縱情聲色的描寫很吸引我們，」我說。

「是啊，『放蕩者』（Wüstlinge），」卡夫卡說：「這個詞總是讓我想起『曠野』（Wüste），一個偏僻的地方（Verlorenheit）。放蕩者迷失（verloren）在曠野裡。」[115]

「女人就是那曠野，」我說。

卡夫卡聳聳肩。

「或許吧。情欲之泉就是他的寂寞之泉。他喝了越多就越清醒。到頭來他再也解不了渴，於是他不停地喝，卻始終覺得很渴。這就是放蕩者。」

勞工意外保險局的老舊大樓位在波里奇廣場上，它的對面是一家漆成棕黃色的旅館「金雉飯店」（Zum goldenen Fasan）。那家只有一層樓的旅館主要是提供在附近的阻街女郎住宿。

---

114 *Prinz Kuckuck. Leben, Taten, Meinungen und Höllenfahrt eines Wollüstlings. In einem Zeitroman* von Otto Julius Bierbaum, München: Georg Müller 1906-1907 (3 Bde).

115 譯注：該小說副書名為「一個縱慾者的一生、所做所為、想法和下地獄」（Leben, Taten, Meinungen und Höllenfahrt eines Wollüstlings）。

有一次我在勞工意外保險局前面等卡夫卡，他說：「我在上頭看到你聚精會神地盯著那些鶯鶯燕燕的女人。所以趕緊下樓來。」

我感覺到自己羞紅了臉，於是說：「我對這些女人不感興趣。我只是……只是對她們的顧客很好奇。」

卡夫卡先是瞥了我一眼，接著凝神望著前方，過了半晌才說：「捷克語真是既深刻又直率。用『bludčika』（磷火）來形容這類的女人眞是再恰當不過了。他們一定很可憐、孤單，而且凍僵了，才會去找這些磷光閃爍的沼氣取暖。他們一定很悲苦而迷惘，你只要好奇地瞧他們一眼，都會傷害到他們。所以，我們不應該那樣打量著他們。可是把頭轉開來，又會被誤以爲瞧不起他們。還眞是爲難啊……愛情的路上總是要經過汙穢和不幸。可是如果對這條路不屑一顧，可能永遠走不到終點。所以說，我們要謙卑地接受一路上的各種現象。唯有如此才能走到終點——或許吧。」

——

有一次我看見卡夫卡在辦公室裡研究捷克的各種法規。他很厭煩地用手一揮，把它掃進抽屜裡，不屑地盯著它嘆了一口氣。

「讀起來很無聊，是嗎？」

「不只是無聊，還很討厭呢！」卡夫卡說：「在立法者眼裡，人們不是罪犯就是懦夫。只有嚴刑重罰和威嚇才能統治他們。可是那不僅是錯的，也很短視，而且會非常危險，尤其是對立法者而言。」

「爲什麼對立法者很危險？」

「因爲人們在心裡唾棄了他們。立法者由於蔑視人們，不但沒有創造秩序，反而只是製造出明顯的無政府狀態。」

「我不懂。」

「道理很簡單，」卡夫卡靠著椅背說：「由於世界科技的進步，越來越多的個人被塞進人群裡。可是每個物質的性質是取決於它最小的元素的結構和內在活動。人群也是如此。每個人必須透過人們給與他的信任去行動。人們必須給他自信、希望，並且藉此給與他眞正的自由。唯有如此，我們才能工作、生活，而不會覺得周遭的法律機器是個羞辱人的柵欄。」

我到波里奇廣場的辦公室拜訪卡夫卡的那一陣子，我父母親的婚姻遇到嚴重的危機。家裡頭吵個不停，我覺得很苦悶。我跑去跟卡夫卡訴苦，也承認說我周遭的紛紛擾擾是我從事文學創作的主要動機。

「如果不是我家裡的問題，或許我根本不會想要創作，」我說：「我想要逃避那些吵吵鬧鬧，我不想聽到我身旁以及自己心裡的聲音，所以我開始寫作。就像有人用線鋸做一些蠢東西，以打發家中無聊的夜晚時間，我也胡亂拼貼一些語詞、句子和段落，好給自己一個獨處的藉口，和那使我窒息的環境隔絕。」

「沒錯，」卡夫卡說：「很多人都這麼做。福婁拜曾經在一封信裡說，他的小說是讓他可以攀握的岩石，以免淹沒在環境的波浪裡。」

「我雖然也叫古斯塔夫，不過我不是福婁拜。」

「心理健康的祕訣不只是少數人才能擁有的。好吧，爲了不讓福婁拜的名字影響你，我跟你說，我自己有一段時間也和你現在一樣，只是我的情況複雜許多。藉著胡亂塗鴉，我埋頭往前衝，爲的是在終點趕上我自己。我不能夠逃避我自己。」

我父母親的衝突也反映在我和卡夫卡的談話裡。

「我受不了所謂的家庭生活，」我說。

「那很不好，」卡夫卡的話裡充滿關心的語氣。「如果你只是對你的家庭生活袖手旁觀，那會是什麼情況？你的家人會想，你和他們一起生活，而且你很滿足。然後眞的有一部分的確如此。你會是基於其他考量才跟他們住在一起的。僅止於此。你會在圈子外頭，面向著家庭，而那或許也就夠了。或許你甚至可以從你家人的眼睛裡看到你自己的形像，既渺小又扭曲，就像在花園裡的玻璃彈珠上的影像一樣。」

「你這是在建議我從事心靈的特技表演嘛，」我說。

「沒錯，」卡夫卡說：「那是日常生活的特技表演。它很危險，因爲人們通常對它視而不見。可是在特技表演時，不僅會摔斷後頸，也可能直接傷害到心靈。人不會因此喪命，而只會作爲一個生活裡精神可嘉的傷兵苟延殘喘。」

「比如說誰？」

「我沒有說任何人。人們只能就例外的狀況舉出一些例子。可是所謂世事洞察的人，經常只是在生活裡殘廢的人。而這種人其實佔了大多數，他們不會想看到自暴其短的例子。」

當我又抱怨起家裡的種種衝突時，卡夫卡說：「你不要抗拒它。用平常心去看。平常心是力量的表現。而人也可以透過平常心得到力量。這是物極必反的法則。你靜下心來。保持平靜可以讓你自由，即使是在處決之前。」

家裡已經吵得不可開交。我母親像是打翻醋罈子一樣，對我父親的咒罵越來越大聲。和小她整整十四歲的父親相比，她看起來憔悴蒼老得多。這讓她產生自卑感，而父親對她的鄙夷態度更是雪上加霜。她懷疑父親出軌，可是又找不到客觀的證據，於是指摘他說一定是他狡猾說謊。他們惡狠狠地瞪著對方，說話充滿敵意，越來越多輕蔑的小動作。

家裡三餐有一頓沒一頓的；餐桌上再也沒有父親喜歡吃的菜；父親從辦公室回來，家裡一團亂；窗戶敞開，窗簾隨風飄動；廚房的餐桌上擱了一桶髒水；臥室裡床墊和被褥一片狼藉；家庭主婦不在家；女傭也放長假去。父親猶豫不決地站在對他而言陌生而不舒服的世界裡。一開始只是低聲發發牢騷，後來就乾脆破口大罵。

有一次，從早上吵到下午──除了中間睡著──直到翌日清晨，他們吵完以後，我滿懷羞愧、憤怒和無助，心裡非常混亂，跑去找卡夫卡。他靜靜聽我結結巴巴地吐苦水以後，鎖上抽屜，把鑰匙放到褲袋裡，站起來說：「你知道嗎？我要把辦公室裡的苦悶都忘掉，你也要將所有讓你心情沉重的事拋在腦後。我們組一個口哨二重奏，一起散步去吧。[116]我們必須去透透氣。」

在大樓前，他挽著我的手臂微笑說：「走，我們到以前國王的城堡去兜一圈。體面的紈褲子弟總是一杯葡萄酒或干邑酒下肚後才開始閒晃。可惜我倆不是這種淺嚐即可的癮君子。我們需要更烈的酒。走，我們到安德烈（Andrée）書店去吧。」

「我身上只有幾克朗，」我小聲說。

「我也是，」卡夫卡不以爲意地揮揮手說：「可是我認識一個叫戴密先生的傢伙。他會招待我們。」

卡夫卡說的沒錯。戴密先生是土生土長的羅斯托克人（Rostocker），他愛上了布拉格，在這裡重作馮婦，開了一家書店，沒多久就聲名鵲起。在火藥塔（Pulverturm）附近巴掌大的店面裡的黑色櫃台，擺滿了新書和舊書。

我不記得那時候戴密都給我們介紹了什麼書。我只記得卡夫卡爲自己和爲我買了哪些書，以及他對每一本書的評語。

卡夫卡買給我的書有狄更斯的《塊肉餘生錄》、高更（Paul Gauguin）的《從前和以後》、韓波（Arthur Rimbaud）的《生活與詩》。

狄更斯的書是我挑的，我收藏了很多狄更斯的書，不過還沒有這本。

卡夫卡很稱許我的選擇。

他說：「狄更斯是我最愛的作家之一。有一陣子，他甚至是我雖不能至、但心嚮往之的模範。你很喜歡的角色卡爾．羅斯曼，是大衛．考柏菲和奧立佛．崔斯特（Oliver

116 譯注：句中的「忘掉」、「拋在腦後」都是動詞「pfeifen」，原意是吹口哨。

Twist）[117]的遠親。」[118]

「你覺得狄更斯有何迷人之處呢？」

卡夫卡不假思索地說：「他對事物的掌握。外在和內在世界的平衡。對於世界和自我的相互關係精湛而樸實的表現。自然而不著痕跡的均衡。那是現在大多數畫家和作家所欠缺的。好比說這兩個法國人。」

說完他就把剛才提到的高更和韓波的書塞給我。他給自己買了福婁拜的《日記》。他說：「福婁拜的日記非常重要有趣。很久以前我就有一本。今天我再買一本，是要送給包姆的。」

我想要幫忙拿那兩袋書，可是卡夫卡阻止我說：「不，不，那樣不行。你不可以拿我的酒。酒醉和死亡一樣，是不可以找人代替的。」

我不服氣地說：「既然你是買給包姆的，那就不是你的酒。我也可以拿。」

卡夫卡大搖其頭說：「不，不，那樣不行！施與本身就是讓我酒醉的東西。那是世界上最優雅的酒醉方式。我不想因爲假手他人而減損我的雅興。」

於是我們繼續往前走，各自抱了一袋書，經過格拉本大街、溫策爾廣場，在溫策爾騎士雕像處左轉，到了新德意志劇院右轉，經過公園，在布列道街（Bredauer Gasse）街角的書報攤各自喝了一瓶牛奶。在一座小池塘駐足片刻，那裡有人工瀑布的淙淙水聲，接著我們沿著後面一條很陡的小路走到電車站，搭車到城堡。

一路上卡夫卡談到《塊肉餘生錄》以外的其他書的作者。

他說：「主觀的自我世界以及客觀的外在世界之間的衝突、人與時間之間的衝突，這是所有藝術的主要問題。每個畫家、作家、劇作家和詩人，都必須探討它。當然他手上的元素可以有各種不同的組合。對畫家高更來說，眞實只是造形和顏色的個別藝術作品的空中飛人表演。而韓波則是用文字去表現。是的，韓波甚至超越了文字。他將語音變成了各種顏色。藉由語音和顏色的魔術，他很接近原始民族的巫術宗教儀式。他們心裡籠罩著恐懼和陰影，因而膜拜各種木頭或石頭做的偶像。可是科技的進步貶低了物質性事物的價值。於是我們開始膜拜我們自己。可是如此一來，我們被恐懼的陰影掐得越深，箝制得越緊。」

卡夫卡若有所思地望著車窗外。

我想要跟他多談一談他剛才提到的現代偶像崇拜的問題，可是他沒理會我的暗示和問題。我們在布拉格城堡北側下車，走了一小段路，經過馬利安堡寨（Marienschanze）和史陶布橋（Staubrücke），穿過城堡的兩座花園，又走過瑞典皇宮和觀景

---

117 譯注：《孤雛淚》（*Oliver Twist*）裡的主角。

118 卡夫卡在很多場合都提到他對狄更斯的景仰。可惜我沒有記下相關的談話。

台，沿著市議會的台階拾級而上，走到羅列多街（Lorettogasse）和羅列多廣場，我們在那裡搭電車，因爲卡夫卡眞的累壞了。

到了舊城廣場，他在離家不遠的地方跟我說：「你家裡的吵吵鬧鬧，不只是困擾著你。你父母親應該更痛苦疲憊才對。你父母親因爲彼此的疏離而漸行漸遠，他們失去了人類最寶貴的東西，失去了自己的生活以及生命的意義。和現代大多數人一樣，你父母親的心靈其實都受到創傷。現在大部分的人在感受和想像力方面都有殘缺。所以說，你不應該厭惡你父母親。相反的，你應該把他們當作視障者和身障者，引導他們，支持他們。」

「我能怎麼做呢？」我很沮喪地說。

「用你的愛。」

「如果他們兩個都找我碴呢？」

「那更要如此。你必須用你的平常心、寬容和耐心，簡單地說，用你的愛，喚醒在你父母親心裡早已枯死了的東西，無論有多少打擊和不義，你都必須愛他們，你必須讓他們想起正義和自尊。因爲什麼是不義呢？錯誤的判斷、誤解、墮落、在塵土裡爬行、一個人不應該有的態度。你必須把你的父母親當作兩個精神病患，用你的愛去拉他們一把，導正他們。你必須這麼做。我們每個人都是。不然我們就不算是人。你千萬不可以因爲自己的痛苦而責怪他們。」

他用手輕輕摸了一下我的左臉頰。

「再見，小古斯塔夫。」

卡夫卡轉身消失在大樓的玻璃門後面。

我整個癱在那裡。

他像我父母親一樣叫我「小古斯塔夫」，還有他的手……

我依然感覺得到他指尖的輕柔撫觸。可是我突然背脊一陣寒顫，不由得打了個噴嚏，好像著涼一樣，下巴不停地抽搐，只得慢慢穿過舊城廣場，轉入黑暗的艾森街。

我跟卡夫卡說我父親不讓我學音樂。

「你要聽他的話嗎？」卡夫卡問。

「我爲什麼要？」我回答說：「我有我自己的腦袋。」

卡夫卡很認眞地盯著我看。

「用自己腦袋的人，很容易就會被沖昏頭，」卡夫卡說：「我當然不反對你學音樂。正好相反！只有經得起理智的考驗的熱情，才有力量和深度。」

「音樂可不是熱情而已，它是一種藝術，」我說。

卡夫卡只是微笑以對。

「每個藝術背後都有熱情。所以你會為你的音樂煩惱和奮鬥，因為你愛音樂以及和它相關的事物甚於你的父母親。藝術一直是如此。人必須拋開生命，才能獲得生命。」

當我父母親的緊張關係已經鬧到離婚的地步，我跟卡夫卡說，我想要離開家到外頭住。

卡夫卡緩緩點頭。

「那是很痛苦的決定。可是在這種情況下，那是最好的一條路。有些事情必須下定決心跳到對岸去才能夠找得到答案。人必須到遠方去，才能夠找到他以前離開的家鄉。」

我跟他說我打算晚上到樂團工作。他說：

「那會有損健康。再說，你會和人群漸漸疏遠。你日夜顛倒，人們白天在工作，你卻在睡夢中。你會不知不覺地和你周遭的環境背道而馳。你現在還年輕，可能察覺不到。但是幾年後，你會不敢看到自己的空虛寂寞，你會失去自我審視的力量，而環境會把你淹沒。」

我父母親的離婚官司第一次開庭後，我去找卡夫卡。

我很激動痛苦，說話因此偏激起來。

卡夫卡聽完我的抱怨以後說：

「你靜一靜，有耐心一點。平心靜氣地讓那些不好的、不愉快的事過去。不要逃避它。相反的，你要正視它。你應該以主動的理解取代憤怒的反彈，然後你會在這一切經歷裡成長。人必須超級自己的狹窄，才會眞正長大。」

「凡事忍耐，是任何情況下的唯一答案。人要隨順大眾，捨己爲人，可是也要有平常心，有耐心。」在一個清澈無翳的秋天午後，我們在落葉滿地的果樹園散步時，卡夫卡對我說：「人不必屈服於什麼或打破什麼，而是要超越，並且要從超越自我開始。那是人不可以逃避的。偏離了這條跑道，就意味著自我毀滅。人必須耐心地接受一切，並且讓它在心裡成長。驚慌徬徨的自我給自己圍起來的藩籬，只有透過愛才能衝破它。在

我們周遭簌簌作響的枯葉底下，我們一定看得到春天新綠的幼芽，我們要耐心等待。凡事忍耐，是實現所有夢想的唯一眞實基礎。」

這是卡夫卡的生活原則，是他以堅定的寬容對我諄諄教誨，以他的一言一行，以每個微笑、眨眼，以及在勞工意外保險局裡長年的服務，說服我這個原則的眞實不妄。

我父親跟我說，在波里奇廣場七號烏煙瘴氣的機關裡，在這張光可鑑人的辦公桌前，卡夫卡已經坐了十四個年頭，也就是他的大半輩子，一九〇八年七月三十日，他到勞工意外保險局擔任助理，一九二二年七月一日，主動請辭主任祕書的職務退休。

在卡夫卡的辦公室以及我們家打掃的斯瓦提克太太跟我說：「卡夫卡宛如一隻小老鼠一般無聲無息地消失了，就像他這麼多年在勞工意外保險局的日子一樣，靜悄悄地走了。我不知道是誰收拾他的辦公桌。衣櫃裡只有卡夫卡一件破舊的灰色備用外套，那是他下雨天常穿的。我從來沒有看過他撐傘。一個工友把那件外套拿走，我不知道他有沒有拿給卡夫卡或是自己留著。我用肥皀和水清洗空無一物的衣櫃。辦公桌上有一只老舊的長方形玻璃盤，裡頭擺了兩枝鉛筆和一枝鋼筆管。旁邊有一只很漂亮的藍色和金色相間的茶杯和碟子。特列莫看到我在收拾東西，便說：『把那些破爛東西扔掉吧！那只玻璃盤是卡夫卡的文具。他經常用那茶杯喝牛奶或茶。』於是我就把特列莫口中的破爛玩意兒拿回家。」

我和斯瓦提克太太在她家裡的廚房相對而坐，她走到白色的玻璃餐具櫃前，拿出卡夫卡的「破爛玩意兒」，用毛巾仔細擦拭，小心翼翼地擺在我面前的餐桌上。

「年輕人，你把這東西拿走吧。我知道你很喜歡卡夫卡先生。他總是在你需要他的時候悉心照顧你。我相信你會好好保存他習慣用來喝東西的杯子。」

我的確如此。無論在什麼處境，搬到哪個地方，這一組瓷器始終伴隨著我。可是我從來沒有拿來用。我不好意思用嘴唇碰到卡夫卡喝過的地方。

每當我看到那藍色和金色相間的茶杯，就會想到他在一個黃昏裡行經細雨霏霏的泰因霍夫時對我說的話：「生命就像我們頭上的星空一般，如此的廣袤無垠，又深邃難測。我們只能透過自己個人存在的窺視孔才看得見。而我們感覺到的比看到的還多。因此我們尤其要保持窺視孔的乾淨。」

一九二四年夏天，我在布呂克斯區附近的上格奧爾根山谷，那天是六月二十日星期五，是的，一九二四年六月二十日。我收到朋友的一封信，來自布拉格的畫家艾立西．希爾特（Erich Hirt）。

他寫道：

「我從《布拉格日報》編輯部那裡得知，詩人卡夫卡於六月三日在維也納附近的基爾林（Kierling）的一家小型私人療養院過世。不過葬禮會於一九二四年六月十一日禮拜三在布拉格這裡舉行，將安葬在史特拉許尼茲（Straschnitz）的猶太墓園。」[119]

我望著床頭牆上父親的照片。

一九二四年五月十四日，他自願地離開人間。

二十一天後，六月三日，卡夫卡也走了。

二十一天後……

二十一天……

二十一……

那正是我當時的年紀，在那一年，我青春時期的感受與精神的地平線也破碎了。

---

119 卡夫卡被安葬在布拉格史特拉許尼茲猶太墓園，和他父親赫曼（Hermann Kafka, 1854-1941）以及母親尤莉（Julie Kafka, geb. Löwy, 1856-1934）合葬在一起。

卡夫卡年表

一八八三　法蘭茲．卡夫卡於七月三日誕生於布拉格，是商人赫曼．卡夫卡和他太太尤莉（娘家姓氏爲勒維）的第一個孩子。

一八八九至一九〇一　就讀於肉品市場旁的國民小學，一八九三年進入舊城區的德語中學，一九〇一年夏中學畢業。

一九〇一至一九〇六　就讀於布拉格的德語大學；起初修習化學、德語文學及藝術史的課程，後來改攻讀法律。

一九〇二　十月時首度與馬克斯．布羅德相遇。

一九〇四　開始寫作〈一次戰鬥紀實〉的初稿。

一九〇六　六月時獲得法學博士學位。

一九〇六至一九〇七　在地方法院及刑事法院實習。

一九〇七　開始進行《鄉村婚禮籌備》的初稿。

一九〇七至一九〇八　受雇於布拉格的一家保險公司。

一九〇八　三月時首度發表作品；在雙月刊《希培里翁》（*Hyperion*）裡發表數篇短篇散文，都以「觀察」爲題；七月三十日進入布拉格的「勞工意外保險局」。

一九〇九　夏初時開始寫札記；九月時和布羅德兄弟一同去北義大利旅行，隨後在布拉格的《波希米亞報》（*Bohemia*）上發表了《布瑞西亞觀飛機記》；秋天時開始寫〈一次戰鬥紀實〉的第二個版本。

一九一〇　三月底在《波希米亞報》上刊登了幾篇以「觀察」爲題的短篇散文；十月時和布羅德兄弟前往巴黎旅行。

一九一一　夏天時和馬克斯．布羅德前往瑞士、北義大利和巴黎旅行；九月底時在蘇黎世附近的艾倫巴赫（Erlenbach）療養院住了一陣子。

一九一二　夏天時和馬克斯．布羅德前往萊比錫和威瑪旅行，隨後在哈茨山區史塔佩堡（Stapelburg）附近的容波恩（Jungborn）自然療養院休養了一陣子；八月時首度和菲莉絲．包爾在布拉格相遇，九月時開始和她通信；寫出的作品包括《判決》和《變形記》，卡夫卡同時開始創作長篇小說《失蹤者》；十二月時卡夫卡的第一本書《觀察》出版。

一九一三　和菲莉絲密集地通信；五月底時《火伕》在庫特．伍爾夫（Kurt Wolff）出版社的「最後審判日」（Der jungste Tag）系列中出版；六月時《判決》在年刊《樂土》（*Arkadia*）中發表；九月時前往維也納、威尼斯及里瓦（Riva）旅行。

一九一四　六月一日正式和菲莉絲在柏林訂婚，七月十二日解除婚約；七月時經過德國北部呂北克（Lubeck）前往丹麥的瑪麗里斯特（Marielyst）旅行；八月初開始寫作小說《審判》；在接下來這段創作豐富的時間裡，卡夫卡還寫了《在流放地》等短篇故事。

一九一五　一月時，在解除婚約後首次和菲莉絲見面；《變形記》發表於十月號的《白色書頁》（*Die weisenBlatter*）雜誌上；獲頒馮唐納（Fontane）文學獎的卡爾·史登海姆（Carl Sternheim）將獎金轉贈給卡夫卡，作爲對他文學成就的肯定。

一九一六　和菲莉絲的關係再度親密，七月時兩人一同前往馬倫巴（Marienbad）度假；開始用八開的筆記簿素描；《判決》由庫特·伍爾夫出版社出版。

一九一六至一九一七　在位於冶金術士巷的工作室裡完成了許多短篇作品，其中包括那篇《建築》。

一九一七　七月時二度和菲莉絲訂婚；八月時首度發現染患肺病的徵兆，九月四日診斷爲肺結核；十二月時二度解除婚約。

一九一七至一九一八　在波希米亞北部度過一段休養假期，住在一間農舍裡，由他妹妹歐特拉料理家務；寫了許多警句。

一九一九　《在流放地》於五月時在庫特·伍爾夫出版社出版；夏天時和茱莉·沃里契克訂婚；十一月時完成《給父親的信》。

一九二〇　四月時在梅朗（Meran）度過療養假期；開始和米蓮娜通信；五月時在庫特·伍爾夫出版社出版了短篇故事集《鄉村醫生》；七月時解除了和茱莉·沃里契克的婚

約。

一九二〇至一九二一　在塔特拉山的馬特拉（Matla）療養（從一九二〇年十二月中至一九二一年八月）。

一九二二　從一月底至二月中停留在巨人山區（Riesengebirge）的史賓德米勒（Spindelmuhle）；開始寫作小說《城堡》；此外尚完成《飢餓藝術家》等短篇；七月一日卡夫卡從勞工意外保險局退休；六月底至九月在魯許尼茲（Luschnitz）河畔的普拉那（Plana）度過。

一九二三　七月時在波羅的海的海邊米里茲（Muritz）首度和朵拉．迪亞芒相遇；九月時從布拉格搬到柏林，和朵拉共同生活；寫出《一個矮小的女人》等作品。

一九二四　健康情形惡化；三月時回到布拉格；完成《女歌手約瑟芬或老鼠民族》；四月時住進奧地利歐特曼（Ortmann）一地的「維也納森林療養院」，隨後被送進維也納哈謝克教授紀念醫院（Klinik von Prof. Hajek），最後住進維也納附近奇爾林一地的霍夫曼醫師療養院；卡夫卡開始校訂他的故事集《飢餓藝術家》；六月三日卡夫卡去世；六月十一日葬於布拉格史特拉許尼茲（Straschnitz）的猶太墓園。

國家圖書館出版品預行編目資料

與卡夫卡對話 / 古斯塔夫・亞努赫 Gustav Janouch 著 林宏濤 譯. -- 初版.
-- 台北市 ：商周出版, 城邦文化出版：家庭傳媒城邦分公司發行；
2014.1 面： 公分.
譯自：Gespräche mit Kafka
ISBN 978-986-272-506-1（平裝）
1. 卡夫卡(Kafka, Franz, 1883-1924) 2. 對話
784.438 102025093

與卡夫卡對話

原著書名 / Gespräche mit Kafka
作者 / 古斯塔夫・亞努赫 Gustav Janouch
譯者 / 林宏濤
責任編輯 / 陳玳妮

版權 / 林心紅
行銷業務 / 李衍逸、吳維中
總編輯 / 楊如玉
總經理 / 彭之琬
發行人 / 何飛鵬
法律顧問 / 台英國際商務法律事務所 羅明通律師
出版 / 商周出版
城邦文化事業股份有限公司
台北市中山區民生東路二段141號9樓
電話：(02) 2500-7008 傳眞：(02) 2500-7759
E-mail：bwp.service@cite.com.tw
Blog：http://bwp25007008.pixnet.net/blog
發行 / 英屬蓋曼群島商家庭傳媒股份有限公司城邦分公司
台北市中山區民生東路二段141號2樓
書虫客服服務專線：02-25007718・02-25007719
24小時傳眞服務：02-25001990・02-25001991
服務時間：週一至週五09:30-12:00・13:30-17:00
郵撥帳號：19863813 戶名：書虫股份有限公司
讀者服務信箱E-mail：service@readingclub.com.tw
歡迎光臨城邦讀書花園 網址：www.cite.com.tw
香港發行所 / 城邦（香港）出版集團有限公司
香港灣仔駱克道193號東超商業中心1樓
電話：(852) 25086231 傳眞：(852) 25789337
馬新發行所 / 城邦(馬新)出版集團【Cité (M) Sdn. Bhd. (458372U)】
41, Jalan Radin Anum, Bandar Baru Sri Petaling,
57000 Kuala Lumpur, Malaysia
電話：(603)90578822 傳眞：(603) 90576622

封面設計 / 許晉維
排版 / 新鑫電腦排版工作室
印刷 / 韋懋印刷事業有限公司
總經銷 / 高見文化行銷股份有限公司 電話：(02) 26689005
傳眞：(02) 26689790 客服專線：0800-055-365

■2014年1月22日初版
定價 300元

Printed in Taiwan

城邦讀書花園
www.cite.com.tw

Originally published as: "Gespräche mit Kafka"

ISBN 978-986-272-506-1

商周出版

廣	告	回	函
北區郵政管理登記證			
台北廣字第000791號			
郵資已付，免貼郵票			

104台北市民生東路二段141號2樓

英屬蓋曼群島商家庭傳媒股份有限公司　城邦分公司

請沿虛線對摺，謝謝！

商周出版

書號：BA9007　**書名：**與卡夫卡對話　**編碼：**

請於此處用膠水黏貼

商周出版

讀者回函卡

感謝您購買我們出版的書籍！請費心填寫此回函卡，我們將不定期寄上城邦集團最新的出版訊息。

不定期好禮相贈！
立即加入：商周出版
Facebook 粉絲團

姓名：＿＿＿＿＿＿＿＿＿＿ 性別：□男 □女

生日：西元＿＿＿＿年＿＿＿＿月＿＿＿＿日

地址：＿＿＿＿＿＿＿＿＿＿

聯絡電話：＿＿＿＿＿＿＿＿ 傳真：＿＿＿＿＿＿＿＿

E-mail：

學歷：□ 1. 小學 □ 2. 國中 □ 3. 高中 □ 4. 大學 □ 5. 研究所以上

職業：□ 1. 學生 □ 2. 軍公教 □ 3. 服務 □ 4. 金融 □ 5. 製造 □ 6. 資訊
□ 7. 傳播 □ 8. 自由業 □ 9. 農漁牧 □ 10. 家管 □ 11. 退休
□ 12. 其他＿＿＿＿＿＿＿＿

您從何種方式得知本書消息？
□ 1. 書店 □ 2. 網路 □ 3. 報紙 □ 4. 雜誌 □ 5. 廣播 □ 6. 電視
□ 7. 親友推薦 □ 8. 其他＿＿＿＿＿＿＿＿

您通常以何種方式購書？
□ 1. 書店 □ 2. 網路 □ 3. 傳真訂購 □ 4. 郵局劃撥 □ 5. 其他＿＿＿＿

您喜歡閱讀那些類別的書籍？
□ 1. 財經商業 □ 2. 自然科學 □ 3. 歷史 □ 4. 法律 □ 5. 文學
□ 6. 休閒旅遊 □ 7. 小說 □ 8. 人物傳記 □ 9. 生活、勵志 □ 10. 其他

對我們的建議：＿＿＿＿＿＿＿＿＿＿

【為提供訂購、行銷、客戶管理或其他合於營業登記項目或章程所定業務之目的，城邦出版人集團（即英屬蓋曼群島商家庭傳媒（股）公司城邦分公司、城邦文化事業（股）公司），於本集團之營運期間及地區內，將以電郵、傳真、電話、簡訊、郵寄或其他公告方式利用您提供之資料（資料類別：C001、C002、C003、C011 等）。利用對象除本集團外，亦可能包括相關服務的協力機構。如您有依個資法第三條或其他需服務之處，得致電本公司客服中心電話 02-25007718 請求協助。相關資料如為非必要項目，不提供亦不影響您的權益。】

1.C001 辨識個人者：如消費者之姓名、地址、電話、電子郵件等資訊。
2.C002 辨識財務者：如信用卡或轉帳帳戶資訊。
3.C003 政府資料中之辨識者：如身分證字號或護照號碼（外國人）。
4.C011 個人描述：如性別、國籍、出生年月日。

請於此處用膠水黏貼